Am liebsten in der Luft

SERIE
PIPER

Zu diesem Buch

Nichts ist schöner als Fliegen – diesem Motto folgten Frauen schon Anfang unseres Jahrhunderts. Es waren mutige und starke Frauen, und sie flogen als erste Frau über den Atlantik wie Amelia Earhart oder nonstop von Afrika nach Südamerika wie Anne Morrow Lindbergh. Diese abenteuerlichen Frauen brachen in eine klassische Männerdomäne ein und suchten über die Grenzen der Schwerkraft hinaus nach dem Neuen, Unbekannten und nach der persönlichen Herausforderung. Auf ihren Flügen hoch über den Wolken erlebten sie die magische Kraft des Fliegens, das Glück der Einsamkeit und die vollkommene Übereinstimmung mit sich selbst. Geschichten von und über die berühmtesten abenteuerlichen Pilotinnen sind in diesem Band vereint: Amelia Earhart, Beryl Markham, Elly Beinhorn, Anne Morrow Lindbergh, Anne Spoerry, Melli Beese, Heather Stewart und viele andere.

Susanne Aeckerle, 1942 in Lindau/Bodensee geboren. 1975 Mitbegründerin des ersten deutschen Frauenbuchladens in München. Später Geschäftsführerin eines Schallplattenvertriebs und Herausgeberin einer Frauenmusikzeitschrift. Von 1981 bis 1990 Redakteurin und Chefin vom Dienst bei der Zeitschrift »Emma«. Sie lebt als Übersetzerin und freie Lektorin in Köln.

Am liebsten in der Luft

Abenteuerliche Fliegerinnen

Herausgegeben von
Susanne Aeckerle

Piper München Zürich

Von Susanne Aeckerle herausgegeben, liegen in der Serie Piper
außerdem vor:
Strapazen Nebensache (2211)
Hauptsache weit weg (2697)

Originalausgabe
Juli 2000
© für diese Ausgabe:
2000 Piper Verlag GmbH, München
Umschlag: Büro Hamburg
Stefanie Oberbeck, Katrin Hoffmann
Foto Umschlagvorderseite: Sportimage Fotoagentur
Foto Umschlagrückseite: Jürgen Schaden-Wargalla
Gesamtherstellung: Clausen & Bosse, Leck
Printed in Germany ISBN 3-492-23043-1

Inhalt

Einleitung

Fliegen? In Ihrem Alter? Warum das denn? wurde die 61jährige Mary, Herzogin von Bedford, gefragt, als sie 1926 ihren Pilotenschein machte. Weil sie sich davon eine Besserung ihres Ohrensausens verspreche, antwortete die rüstige Lady und benutzte von da an ihr Flugzeug, wie andere Leute ihre Autos benutzen, nur um von einem Ort zum anderen zu gelangen.

Doch schon lange vor der englischen Lady hatten sich Frauen in die Lüfte erhoben, hatten sich der Faszination des Fliegens nicht entziehen können. Die erste war die Französin Elisabeth Thible, die 1794 in Lyon in einem Heißluftballon, einer sogenannten Montgolfière, aufstieg und dabei, als Minerva verkleidet, Arien gesungen haben soll, um dem im Publikum anwesenden König von Schweden ihren Mut zu beweisen. Die erste professionelle Luftschifferin war Sophie Blanchard, die von Napoleon zur kaiserlichen Aeronautin ernannt wurde. Diesen mutigen Damen folgten die noch wagemutigeren Fallschirmspringerinnen, allen voran Elisa Garnerin, die 1814 über Paris absprang, trotz der Warnung, daß »der Druck der Luft den zarten Organen eines Mädchens gefährlich werden könnte«. In Deutschland kam Käthe Paulus, auch zärtlich »Kätchen« genannt, zu Berühmtheit. Von 1893 bis 1914 führte sie 516 Ballonfahrten und 145 Fallschirmsprünge durch und erfand die Verpackung des Fallschirms, das sogenannte Fallschirmpaket.

Allerdings hatten die Ballone einen Nachteil – sie ließen sich nicht lenken. Erst nach der Erfindung des Verbrennungsmotors Ende des 19. Jahrhunderts konnte man lenkbare Fluggeräte bauen. 1903 wagten die amerikanischen Brüder Wright in ihrer »Kitty Hawk« den ersten Motorflug. Danach gab es kein Halten mehr.

1909 bastelte sich Lilian Bland, die Enkelin des Bischofs

von Belfast, eine eigene Maschine zusammen, die auch tatsächlich flog. Sie bestand aus dampfbehandeltem Eschenholz, Klavierdrähten, Fahrradpedalen und speziell präpariertem Kaliko. Als ersten provisorischen Treibstofftank verwendete Lilian eine Whiskyflasche und eine Ohrtrompete.

Ein Jahr darauf, am 8. März 1910, erwarb die französische Baronin Raymonde Delaroche als erste Frau der Welt nach 35 Männern einen Flugschein. Sie erklärte, Fliegen sei der ideale Frauensport: »Man benötigt dazu weniger physische Kraft als vielmehr körperliches und geistiges Reaktionsvermögen.« Sie nahm an Wettbewerben teil, gewann Preise und brach nach dem Ersten Weltkrieg mit 4000 Metern den bis dahin von der amerikanischen Pilotin Ruth Law gehaltenen Höhenweltrekord. Ihre schärfste Konkurrentin war Hélène Dutrieu, die wohl beste Pilotin vor dem Ersten Weltkrieg. Das »Falkenmädchen«, wie sie von der Presse genannt wurde, nahm 1911 als einzige Frau an einem Flugwettbewerb in Florenz teil und siegte überlegen vor ihren 14 Konkurrenten. Im Ersten Weltkrieg soll sie als einzige französische Pilotin in der Pariser Luftwache eingesetzt worden sein, um die Stadt vor den Deutschen zu schützen.

Immer mehr Frauen machten den Pilotenschein. Melli Beese war 1911 die erste Deutsche, Harriet Quimby im selben Jahr die erste Amerikanerin. Ruth Law, die 1912 als dritte Amerikanerin die Fluglizenz erhielt, heimste einen Rekord nach dem anderen ein – Höhenwettbewerbe, Streckenrekorde und anderes mehr. 1915 führte sie auf einer Flugschau zum ersten Mal einen Looping vor.

Mitte der 20er Jahre wurde die staatliche Bürokratie aktiv – ein böses Omen für die Pilotinnen. 1924 entschied die »International Commission for Civil Aviation«, daß »Frauen von jeglicher Tätigkeit als Besatzungsmitglied eines im öffentlichen Transportwesen eingesetzten Flugzeuges ausgeschlossen sind«. Weiter hieß es, Bewerber für diese Posten müßten »über den Gebrauch aller Gliedmaßen verfügen, frei von Bruchleiden und männlichen Geschlechts sein«. Diese Bestimmungen ließ man zwar später fallen, aber es wurde

Frauen in allen Ländern ungeheuer schwergemacht, einen Pilotenschein zu erwerben – eine Haltung, die noch sehr lange Bestand haben sollte.

Die Frauen ließen sich jedoch nicht abschrecken. Sie unternahmen Langstreckenflüge und flogen um die Welt, wie die Deutsche Elly Beinhorn 1931/32. Im selben Jahr flog Marga von Etzdorf die Strecke Berlin–Tokio in elf Tagen. Thea Rasche, auch »die rasche Thea« genannt, war sogar Anwärterin für den ersten Transatlantikflug gewesen, was aber dann scheiterte. Sie machte in Amerika Karriere und nahm 1929 als einzige Deutsche am ersten Frauenflugwettbewerb teil. Amy Johnson, die »fliegende Sekretärin« aus England, wagte 1930 den Alleinflug von London nach Australien nach nur 50 Flugstunden. Von Amy, die nicht gerade eine begnadete Pilotin war und Landungen nie perfekt beherrschen sollte, sagten die Pilotenkollegen später mit freundlichem Spott: Amy landet nicht, sie kommt an. Ganz überwältigt von dem jubelnden Empfang, den sie bei ihrer Ankunft in Australien erhielt, meinte die burschikose Amy zu den Journalisten: »Nennt mich bloß nicht Miss Johnson. Ganz einfach Johnnie reicht.«

Für weltweite Aufmerksamkeit sorgte 1932 die Atlantiküberquerung der Amerikanerin Amelia Earhart. Bereits 1928 hatte sie als erste Frau im Flugzeug den Atlantik überquert, damals allerdings nur als Passagierin. Die gutaussehende Amelia war danach zum Liebling der Presse geworden, sowohl diesseits wie auch jenseits des Atlantiks. In ihrer Heimat war sie längst eine Berühmtheit und setzte sich vehement für das Frauenfliegen ein. 1929 gründete sie zusammen mit 99 Kolleginnen die legendäre Pilotinnenvereinigung »Ninety-Nines«, die es heute noch gibt. Doch seit ihrem Flug 1928 hatte sie den Wunsch, einen Alleinflug über den Atlantik zu wagen, war sie sich doch beim ersten Flug wie ein »nutzloser Kartoffelsack« vorgekommen. Und sie wollte damit beweisen, »daß eine Frau mit der entsprechenden Erfahrung es schaffen konnte«. Nach einer

Stunde in 12 000 Fuß Höhe fiel ihr Höhenmesser aus. Später geriet sie in einen heftigen Gewittersturm, kam vom Kurs ab, es bildete sich Eis an Tragflächen und auf dem Fahrtenmesser, eine kleine blaue Flamme schlug aus ihrer Treibstoffleitung, und sie flog durch dicke Wolken. Trotzdem landete sie nach 13 Stunden und 30 Minuten sicher und weich in der Nähe der nordirischen Stadt Londonderry, ein gutes Stück nördlicher, als sie angenommen hatte. Niemand war zu sehen, nur ein paar erschrockene Kühe. Bald jedoch kam ein verwunderter Farmer, der sie ungläubig anstarrte. Amelia lächelte ihn an und sagte: »Ich komme aus Amerika.«

Mit Beginn des Zweiten Weltkrieges wurden Frauen immer mehr aus der Fliegerei verdrängt. Luftrennen und Rekordflüge waren unwichtig geworden, das Flugzeug wurde zur tödlichen Waffe. Jackie Cochrane, die später als erste Frau die Schallmauer durchbrechen sollte, hatte sich als Pilotin in Amerika einen Namen gemacht und engagierte sich für den Aufbau eines Corps von Fliegerinnen, die Überführungsflüge durchführen sollten. Nach anfänglichem massiven Widerstand des Luftfährenkommandos und der männlichen Piloten setzte sie sich durch und bildete ab 1942 Pilotinnen aus, die Bomber und schwere Kampfflugzeuge überführten, allerdings nur auf dem amerikanischen Kontinent und nur unter der Bedingung, daß Start und Landung von einem Mann, dem Navigator, durchgeführt wurden.

Nach dem Krieg war es für Frauen zunächst aus mit der Fliegerei. Privatmaschinen konnte sich niemand leisten, in der zivilen Luftfahrt waren Frauen höchstens als Stewardessen gefragt, und die Luftwaffe wollte sie gleich gar nicht haben. Es war ein langer, harter Kampf, und auch heute ist es immer noch nicht selbstverständlich, daß nach dem Abheben einer Linienmaschine eine weibliche Stimme aus dem Lautsprecher verkündet: »Guten Tag, meine Damen und Herren, hier spricht Ihr Kapitän.«

Fliegerische Pionierleistung wie zu Anfang des 20. Jahrhunderts bis in die 30er Jahre hinein sind heute kaum noch zu erbringen. Um diese Pionierinnen geht es hauptsächlich in dem hier vorliegenden Buch. Doch auch jetzt noch gibt es Frauen, die als Pilotinnen Außergewöhnliches leisten. Daher habe ich an den Anfang die Pilotin Heather Stewart gestellt.

Heather Stewart flog im Jahr 1999 mit ihrer Cessna »Grand Caravan« gefährliche Einsätze im Südsudan. Sie transportierte Versorgungsgüter und Medikamente an entlegene Orte am Rande der Zivilisation, wobei sie immer Gefahr lief, von Rebellen oder auch Regierungstruppen unter Beschuß genommen zu werden. Sie gilt als Mutter Teresa der Luft, und ihre einzige Sorge ist, daß sie in diesem Jahr mit dem Fliegen aufhören muß, weil sie 60 wird und ihr die Fluggenehmigung entzogen werden könnte.

Zu den frühesten Flugpionierinnen gehören die Deutsche Melli Beese und die Amerikanerin Harriet Quimby. Beide erwarben ihren Flugschein bereits 1911. Melli Beese studierte zunächst Bildhauerei, verlor aber dann ihr Herz an die Aeronautik und wurde Pilotin, Fluglehrerin und Flugzeugkonstrukteurin. Harriet Quimby sagte ihrer erfolgreichen Karriere als Journalistin ade, widmete sich ganz der Fliegerei und errang als Kunstfliegerin Berühmtheit.

1929 fand in Amerika der erste Frauenflugwettbewerb statt, das berühmte »Powder-Puff-Derby« (Puderquastenderby), an dem viele bekannte Fliegerinnen teilnahmen, unter ihnen auch Amelia Earhart. Die mysteriösen Vorkommnisse während dieses Derbys hat die amerikanische Autorin ReBecca Béguin als Vorlage für ihren Krimi »Die Hälfte des Himmels« genommen.

Elly Beinhorn war von Jugend an vom Fliegen fasziniert. Mit 21 erwarb sie gegen den Protest ihrer Eltern den Flugschein, flog bei Kunstflugtagen mit, machte ihren ersten Alleinflug 1931 nach Afrika und startete dann zu ihrem Flug um die Welt. Auch danach war ihr Fliegen das Wichtigste und Liebste. Erst nach 51 Fliegerjahren gab sie ihren Pilotenschein freiwillig zurück.

Anne Morrow Lindbergh begleitete ihren Mann Charles auf vielen seiner Flüge als Co-Pilotin und Funkerin. Sie scheint das ausgleichende Element zu seiner oft wortkargen und schroffen Art gewesen zu sein. In eindringlichen Bildern beschreibt sie die lange Wartezeit in Afrika, bevor sie endlich zu ihrem Nonstopflug nach Südamerika aufbrechen konnten.

In dem Roman »Wenn der Himmel uns küßt« unternehmen zwei kanadische Pilotinnen 1933 einen Versuch, den Dauerflugrekord zu brechen. Sie wollen 25 Tage lang über der Stadt und dem Hafen von Toronto kreisen. Der Autorin Helen Humphreys kam es vor allem darauf an, die Interaktion der beiden Pilotinnen zu beschreiben.

Beryl Markham, bekannt geworden durch ihren Atlantikflug von Ost nach West 1936, lebte in Kenia und war, außer ihrer Tätigkeit als Pferdetrainerin, auch Buschpilotin. Sie beförderte Passagiere, Post, Medikamente und wurde schließlich zur »Elefantenfliegerin« für Safariteilnehmer.

Amelia Earhart wollte 1937 mit ihrem Flug um die Welt entlang des Äquators ihre erfolgreiche Pilotinnenkarriere beenden. Die damals 40jährige hatte genug von dem Rummel, der Suche nach Sponsoren und den immer neuen Sensationen, die von ihr verlangt wurden. Am 2. Juli brach der Funkverkehr mit dem Flugzeug über dem Pazifik ab. Die Maschine und ihre Insassen – Amelia und ihr Navigator Fred Nolan – wurden nie gefunden.

Bis kurz vor ihrem Tod 1999 gehörte Anne Spoerry, von ihren afrikanischen Patienten liebevoll »Mama Daktari« genannt, zu den »fliegenden Ärzten« von Kenia. Mit fast 80 Jahren war die tatkräftige Frau noch beinahe täglich in ihrem Flugzeug unterwegs, um die Menschen in entlegenen Gebieten medizinisch zu versorgen.

Alle die hier vorgestellten Frauen haben mutig und entschlossen ihren Weg verfolgt, sich über Hindernisse hinweggesetzt und Widerstände überwunden, um eines zu verwirklichen – ihren Traum vom Fliegen. Manche sind dabei der Sonne zu nahe gekommen und abgestürzt wie Ikarus, aber sie haben uns ihre Erinnerungen und Berichte hinterlassen, um vielleicht auch uns zum Träumen zu bringen.

Susanne Aeckerle

Joachim Hoelzgen

Heather Stewart – Im Rachen des Krokodils

Heather Stewart (1940 geboren) ist Buschpilotin in Afrika. Nur hat ihre Fliegerei nichts mehr mit der Romantik von Beryl Markham, Tania Blixen und anderen zu tun, denn sie fliegt heute. Und sie fliegt in Krisengebiete in Mogadischu und den Südsudan. Sie transportiert Hilfsgüter und Medikamente. Früher hat sie sogar Kat geflogen, ein Rauschmittel, mit dem Somalias »warlords« ihre Banden anspornen. Sie ergreift nicht Partei, fliegt zwischen den Fronten und landet bei Freund und Feind. Und doch gilt sie bei den Einheimischen und Missionaren als Mutter Teresa der Lüfte.

Ruhig hebt die einmotorige Maschine vom Typ Cessna »Grand Caravan« die Nase in den Wind. Vor wenigen Minuten hat sie die Startbahn des Wilson Airport in Nairobi verlassen und eine Kurve über dem Naturpark im Süden der Drei-Millionen-Stadt beschrieben. Nun muß sie, vor den Hügeln der Ngong-Kette, an Höhe gewinnen.

Das Licht der Äquatorsonne spielt weich mit den grünen Kuppen, die Kinogängern aus dem Film »Jenseits von Afrika« vertraut sind. Sie bilden darin die Hintergrundkulisse im Leben der dänischen Autorin Karen (»Tania«) Blixen, an die heute ein Museum im Landhaus der alten »Karen Coffee Company« erinnert. Die Verwalterin, eine Afrikanerin namens Rose Rosa, führt täglich knapp 200 Blixen-Fans durch die pastellfarbenen Räume.

Kenia ist das stolze Kernland von Ostafrika. Lange ein sorgenfreier und optimistischer Modellstaat des Schwarzen Kontinents, versinkt es nun in Korruption, Kriminalität und hohen Schulden. Wie ein Menetekel wirkte die Bombe, die im August 1998 Amerikas Botschaft in Nairobi zerstörte, noch immer sind die umstehenden Hochhäuser verkohlte Ruinen.

Doch die Touristen erbauen sich weiterhin am Haus der Karen Blixen. Im Foyer stehen eine Kuckucksuhr und die schwarze Laterne, mit der sie dem Geliebten, einem Flugzeug-Enthusiasten, ihre Anwesenheit signalisierte.

Der Pilotin Heather Stewart, 59, ist das Anwesen wohlbekannt. Sie liebt es, auf die Dinge hinabzuschauen, und erklärt vom Cockpit ihrer Cessna aus mit knappen Gesten den Stadtteil am Fuß der Ngong-Berge: »Links unten liegen die Karen Road, die Karen-Kirche und der Karen Country Club«, ruft sie gegen den Lärm der Propellerturbine, die während des Steigflugs auf Vollast läuft.

Heather Stewart ist auf dem Flug nach Lokichokio, einem verlorenen Außenposten der Zivilisation. Er befindet sich im äußersten Nordwesten Kenias am Rand einer schwefelgelben Halbwüste, die sich weit in das Nachbarland Sudan erstreckt. Östlich von Lokichokio türmt sich eine rohe Welt von Tafelbergen, tiefen Schluchten und vulkanischen Schlakkenkegeln. Eine Basaltwüste reicht an den Turkanasee heran, der mit seinem grünblauen Gewässer – zwölfmal größer als der Bodensee – aussieht wie ein Meer aus Jade.

Die Pilotin läßt sich von der Landschaft mit den Attributen eines urzeitlichen Paradieses nicht täuschen. Sie hat hier zu viele Bilder der Angst gesehen, denn sie fliegt von Lokichokio aus Hilfseinsätze in den Süden des Sudan, wo ein Bürgerkrieg die Menschen zu hungernden Umhergetriebenen gemacht hat.

Im Leben Heather Stewarts haben sich die Lose nicht immer als Glückstreffer erwiesen, aber ihrem zweiten Ehemann, der Journalist und im Zweiten Weltkrieg Fallschirmjäger in Burma war, ist sie noch heute dankbar. Er hatte sie erstmals in einer kleinen Piper zum Turkanasee geflogen und damit ihre Begeisterung geweckt. »Ich spürte sofort, daß Fliegen mein Leben ist und das Cockpit meine neue Behausung«, erzählt sie. Das war 1963, dem Jahr der Unabhängigkeit von Kenia, als Jomo Kenyatta Präsident wurde, ein Anführer der Mau-Mau-Rebellen, die mit schnellen Vorstößen aus den Bergen des Hochlands die britische Kronkolonie ins Chaos gestürzt und zur Aufgabe gezwungen hatten.

»Viele Europäer verließen damals das Land, weil man ein Blutbad fürchtete«, erinnert sich Heather Stewart. Sie aber blieb und beantwortete die Frage nach dem richtigen Leben auf ihre Weise. Sie verzichtete auf eine Landvilla unweit des Blixen-Hauses und auf die Welt der weißen Korbstühle und Gurkensandwiches. Heather Stewart wurde Buschpilotin.

Sie begann, für die berühmten »Flying Doctors« in die Savanne zu fliegen, jeweils mit Arzt und Krankenschwester an Bord der Maschine. »Der Arzt operierte in den Missionsstationen auf dem Holztisch, und ich sah bei den Eingriffen zu.« Diese Erfahrung kommt ihr heute noch zugute, wenn sie von Lokichokio aus in den verwüsteten Süden des Sudan fliegt.

Inzwischen hat sie 16 000 Flugstunden am Steuerknüppel zugebracht. Sie hat dabei die mörderische Seite der Politik, aber auch das Rätsel menschlicher Überlebensfähigkeit kennengelernt.

Früher flog Heather Stewart auch Touristen, am liebsten solche, von denen sie auch persönlichen Rat erhalten konnte – zum Beispiel vom Hollywood-Regisseur David Lean (»Die Brücke am Kwai«). Lean war von den Farben am Turkanasee beeindruckt und lud sie nach Los Angeles in das Hotel »Bel Air« ein, als ihre dritte Ehe scheiterte. »Heather, es gibt viele gute Männer, aber du mußt sie nicht heiraten«, empfahl er.

Ihre Wandlung zur fliegenden »Mutter Courage«, die fünf Kinder ernähren und zur Schule schicken mußte, geschah 1981. Im Sudan war damals der Kampf zwischen den Truppen der Regierung in Khartum und den schwarzen Stämmen des Südens wiederaufgeflammt, die sich der lange andauernden Unterjochung durch den arabischen Norden widersetzten. Sie beförderte Ärzte in das Leprakrankenhaus von Wau, das heute ein Hungerzentrum ist und von Regierungstruppen kontrolliert wird.

Die Welternährungsorganisation der UNO stellte erste Anzeichen von Unterernährung fest und suchte Freiwillige, die Lebensmittel in das Land fliegen sollten. Heather Stewart erinnert sich stolz, daß insgesamt nur zwei Bewerbungen bei der Uno eingingen: ihre eigene und die einer Kollegin, die heute als Managerin bei der Luftlinie Air Kenya tätig ist.

Der Südsudan ist eine flache Welt, in der es kaum Schatten und Konturen gibt. Jeder Flug dorthin scheint wie die Entdeckung des Nichts; die Pilotenkarte wirkt hier wie der Versuch, in einer Ödnis das Verirren abzuschaffen. Die Frauen mußten in ihren Kleinflugzeugen Säcke mit Sorghum transportieren, eine Getreideart mit kleinen, runden Körnern, die im Jargon deutscher Pflanzenkundler auch »Mohrenhirse« oder »Kaffernkorn« genannt wird.

Es war gefährlich, unbefestigte Pisten zu benutzen, die seit Jahren nicht mehr angeflogen worden waren. Auf einem Landeplatz in der Provinz Ost-Äquatoria, den Rebellen der südsudanesischen Volksbefreiungsarmee SPLA erobert hatten, gab beim Start die Grasnarbe nach, das Bugrad der Maschine knickte um. Heather Stewart hatte drei andere Flugzeugführer mit an Bord, die im Auftrag der UNO Landeplätze für schwere Transporter vom Typ C-130 »Hercules« bestimmen sollten.

»Der Rebellen-Kommandeur schwang eine Ochsenpeitsche«, beschreibt Heather Stewart das Geschehen am Flugfeld, »Tote lagen umher, die von Soldaten inspiziert wurden.«

Vier Tage waren die Piloten der UNO und Heather Stewart Gefangene des Peitschenträgers. Sie ernährten sich von Notproviant, den die Pilotin stets dabei hat: Bohnen, Fruchtsalat und Trockenbrot. Als die eisernen Rationen ausgingen, gelang ein Hilferuf über das Bordradio. Eine UNO-Maschine warf Lebensmittel ab, ehe das Quartett von einem Hubschrauber gerettet werden konnte.

Der Zwischenfall und ein Abflauen der damaligen Notlage im Südsudan bewogen Heather Stewart, sich dem nächsten Krisenherd zu widmen: In Somalia hatten sich die Kämpfe verfeindeter Clans verschärft, und entsprechend wuchs die Gier nach Kat, einem Rauschmittel, mit dem Somalias »warlords« ihre Banden anspornten.

Mit einer zweimotorigen Piper »Navajo Chieftain« flog sie die Kat-Blätter von Nairobi nach Mogadischu-Nord, dem Herrschaftssitz berüchtigter Kriegsfürsten. Das Kat wächst an den Osthängen des himmelstürmenden Mount-Kenya-Massivs (5194 Meter). In den Ländern am Horn von Afrika ist sein Genuß völlig legal, was Heather Stewart gelegen kam, die dringend Geld zur Ausbildung ihres jüngsten Sohns in England brauchte.

Einmal kam sie nur knapp mit dem Leben davon. Als sie nach einem kurzen Landeaufenthalt in Mogadischu-Nord aufgetankt und das linke Triebwerk angelassen hatte, hörte sie kleine Steine gegen das Heck schlagen – aufgewirbelt von Schüssen aus einem Maschinengewehr, das jenseits der Landepiste stand.

»Es ist schwierig, Schüsse zu hören, wenn der Motor läuft«, berichtet die Fliegerin. Plötzlich stand ein Somalier vor der Maschine, der einen Turban trug und den Patronengurt um die Brust geschlungen hatte. Er hob eine Hand, um das Flugzeug aufzuhalten. In diesem Augenblick vernahm Heather Stewart ein schneidendes Scheppern: »Die Maschine war getroffen, aber ich wußte nicht, wo.«

Wieder das schneidende Geräusch und noch einmal. Der Mann mit dem Turban sprang zur Seite und rief »go, go«. Heather Stewart startete den zweiten Motor und rollte zur Startbahn. Noch ein Scheppern und abermals ein fetzender Knall. Sie raste an den Lastwagen der Milizen vorbei, gab Gas und zog bei der Abhebegeschwindigkeit von 160 Stundenkilometern den Steuerknüppel an.

Auf dem Wilson Airport, den sie nach einem unruhigen Flug erreichte, studierte sie die Einschußlöcher. Zwei befanden sich an der Propellernabe, ein anderes Geschoß hatte die Metallverstrebung am Cockpitdach durchschlagen; das Aluminiumblech war eine Handbreit hinter ihrem Kopf gezackt.

Eine Woche später landete Heather Stewart wieder in Mogadischu-Nord, noch einmal hatte die Mutter Courage in ihr die Oberhand behalten. Doch es war der letzte Flug mit Kat, die Milizen führten sich noch gewalttätiger auf als sonst. »Überall lagen Leichen in der Hitze. Ich merkte jetzt, daß auch ich verwundbar war.«

Inzwischen wurden erneut Freiwillige für den Sudan gesucht, diesmal von Organisationen wie World Vision und der Caritas. Auch katholische Missionare, die im Süden kleine Hospitäler unterhalten, brauchten Nachschub aus der Luft.

»Die Hilfswerke zahlten noch besser als die drogenverrückten Somalier, und zwar immer im voraus«, bekundet die Frau der Tat, die sich dafür einer neuen Gefahr aussetzte: MiG-Kampfflugzeugen. Die Regierung in Khartum benutzte auch ein Transportflugzeug vom Typ Antonow-24T, aus dem Bomben gerollt wurden und das heute noch als Terrorwaffe fliegt.

Heather Stewart startet oft vor der Morgendämmerung, um nicht einer MiG oder dem Antonow-Bomber zu begegnen, der vor kurzem das Krankenhaus von Jei in West-Äquatoria zerstört hat. Sie führt zur Tarnung manchmal braune und grüne Tücher mit, die sie nach der Landung über der Maschine auslegt und mit Sicherheitsnadeln zusammenfügt.

Je schlimmer die militärischen Auseinandersetzungen und mit ihnen der Hunger wurden, um so größer wurden auch die Anforderungen an die Fliegerin. Sie brauchte ein neues Flugzeug, das ihr Tagespensum – sechs bis neun Stunden in der Luft – besser bewältigen konnte.

In Nairobi stieß sie auf eine Cessna »Grand Caravan«, die vom Herstellerwerk in Wichita (US-Staat Kansas) wegen ihrer Robustheit und Frachtkapazität gerühmt wird. Große Räder, die beim Landen im Busch von Vorteil sind, die Reichweite von 1700 Kilometern und die maximale Zuladung von einer Tonne schienen Heather Stewart ideal, und schon 18 Monate später war die Maschine (Stückpreis: 1,4 Millionen Dollar) bezahlt.

»Mit dem Krieg und der Not ging auch das Geschäft immer besser«, gibt die Pilotin ohne Zögern zu. 1989 gründete sie die Firma Trackmark, heute der größte private Zubringer in den Süden des Sudan – mit 14 Maschinen, darunter sechs »Grand Caravans«, sowie 120 Angestellten, davon 24 Piloten.

Von Lokichokio aus dirigiert der Südafrikaner John Hayes die UNO-Flüge, mit denen monatlich 15 000 Tonnen Mais und Sorghum in den Südsudan gebracht werden. »Dies ist die größte Luftbrücke in der Geschichte der Vereinten Nationen, sie kostet täglich eine Million Dollar«, sagt er. Sechs C-130-»Hercules«- und fünf De-Havilland-»Buffalo«-Transporter stehen ihm zur Verfügung. Am Rand der asphaltierten Rollbahn sind Hilfsgüter in langen Reihen gestapelt.

Die Grausamkeit des Krieges findet sich auch in Beobachtungen, die Heather Stewart gemacht hat, zum Beispiel, daß es »in der Savanne keine Zebras und keine Gazellen mehr gibt, sie sind erlegt und gegessen worden«. Beim Ausfliegen von Kriegsopfern fallen ihr zehnjährige Jungen mit Durchschüssen auf. »Sie tragen alle schon Kalaschnikows. Oft löst sich ein Schuß aus Versehen. Noch schlimmer ergeht es nur denen, die beim Viehhüten auf eine Mine treten.«

Der UNO-Mann Hayes schätzt die Arbeit der Pilotin. »Heather ist für uns der Schlüssel zu allem, weil sie außer Ärzten und Schwestern auch unsere Feldbeobachter in den Sudan fliegt.« Wichtig sei überdies, daß sie sich in Gebiete wage, die für UNO-Flüge gesperrt sind. »Dort aber ist Hilfe am nötigsten. Heather macht eine humanitäre Arbeit, die wir nicht leisten können.«

Die entlegensten und gefährlichsten Landeplätze befinden sich im Nuba-Gebirge der Provinz Süd-Kordofan. Die Berge, durch die Nuba-Bildbände von Leni Riefenstahl bekannt geworden, sind umstellt von Regierungstruppen; die Landeplätze liegen in engen Tälern. Hier kam es zu einer Situation, in der wieder einmal Mutter Courage gefragt war.

Einem Hilfsflugzeug war beim Landen das Fahrwerk abgebrochen. Eine zweite Maschine, die den Piloten bergen sollte, wurde beim Aufsetzen beschädigt. Drei Stunden später, so lange dauert der Flug von Lokichokio, schwebte Heather Stewart ein. Ihr glückte die Landung. Sie nahm die Havaristen auf und flog wieder zurück.

Im Sumpfgebiet hielten Soldaten der Volksbefreiungsarmee sie vier Tage lang fest, nachdem bei einer anderen Landung ein Rad des Hauptfahrwerks im schlammigen Gras eingesackt war. »Die Moskitos fraßen uns fast auf«, erzählt Heather Stewart, die bei diesem Einsatz wieder drei »Hercules«-Piloten dabei hatte. Einer von ihnen wurde von einem Skorpion gestochen, die Rebellen aber besaßen kein Gegenmittel. Über Funk wurde eine andere »Grand Caravan« gerufen, die Morphiumschachteln zu den Festgehaltenen abwarf.

Die Soldaten zeigten sich nun freundlicher und gaben den Westlern Moskitonetze und eine Ziege zum Schlachten. Endlich bekam ein UNO-Helikopter die Erlaubnis zur Bergung. Heather Stewart erinnert sich an die Verabschiedung von den Bewaffneten: »Sie waren alle barfuß, und deshalb schenkten ihnen die ›Hercules‹-Piloten ihre Fliegerstiefel.«

Ein wolkenverhangener Morgenhimmel über Lokichokio. Seit zwei Tagen ist kein Flugauftrag hereingekommen. Dann meldet sich per Funk die Diözese von Torit, Ausgangspunkt einer umkämpften Straße nordwestlich der Grenze. Heather soll eine Tonne Arzneimittel in das Dorf Nimule befördern, eine Siedlung aus Rundhütten am Bergnil. Der Flug führt über die einzigen Gebirgsgruppen des südlichen Sudan, die Didinga Hills und Imatong Mountains, an deren Fuß die Engländer einst Tee anbauten. Nimule war zu jener Zeit ein Hauptquartier des berühmten Generals Charles Gordon, der mit seinen Truppen in Khartum eingekesselt und 1885 von der Derwisch-Armee des Mahdi bis auf den letzten Mann niedergemacht wurde. Der Mahdi nannte sich »Erneuerer des Glaubens am Ende der Zeiten« und schuf die Grundlage für den Konflikt, der seitdem im Sudan tobt; er machte sich für den Islam als Staatsreligion und die Sklavenhaltung stark, während die Stämme im Süden bereits Christen waren oder Animisten, die selbst Bäume für beseelt halten.

Die »Grand Caravan« ist vollbeladen. Heather Stewart hat die Stoffsitze abmontiert, um Platz für die Kartons mit Medikamenten zu schaffen. Ein junger Arzt aus dem Sudan sitzt hinter der Pilotin und prüft die Listen der mitgeführten Arzneimittel; allein die mit dem Anfangsbuchstaben A füllen eine ganze Seite. Es sind Anti-Malaria-Tabletten und Antibiotika.

Nimule hat die Ausmaße einer kleinen Stadt, aber nirgendwo sind Menschen zu sehen. Der Ort scheint evakuiert worden zu sein. Die Piste ist ein Grashang mit Fahrspuren, die von Lastwagen oder Traktoren stammen, aber die Landung gelingt weich und perfekt.

Heather Stewart wuchtet die ersten Kartons selbst aus den Frachtbehältern am Bauch der Maschine. Plötzlich tritt ein Soldat aus dem Maisfeld neben der Wiese. Er trägt die Uniform der SPLA mit dem Zeichen der Rebellen, einer steil lodernden gelben Flamme. Die Kalaschnikow über der Schulter sieht nach häufigem Gebrauch aus, aber sie scheint seit langem nicht mehr geölt worden zu sein. Der ausgemergelte Soldat schlurft wie ein Schatten auf Stelzen durch das Gras.

Auf einem klapprigen Lastwagen nähern sich Dorfbewohner und ein Funktionär der SPLA, der ebenfalls mit einer Kalaschnikow bewaffnet ist. Die Situation entspannt sich, als der Gemeindepfarrer eintrifft. Er heißt Archangelo Lokoro und trägt ein blütenweißes Hemd.

Der Priester ist begeistert über den Kistenberg auf der Grasfläche. Monate habe man auf die Medikamente warten müssen, die für seine Gemeinde und ein kleines Hospital bestimmt sind. Den Menschen von Nimule gehe es vergleichsweise gut, berichtet er, im Norden aber könne man die Saat nicht ausbringen und auch nicht die Süßkartoffeln, weil immer wieder Kämpfe ausbrechen.

Warum war das Dorf so menschenleer, warum konnte man aus der Luft nur Ziegen sehen? »Weil die Leute glaubten, der Antonow-Bomber sei im Anflug«, entgegnet Lokoro, »er hat vor drei Wochen erst Bomben abgeworfen.« Heather Stewart ist für ihn eine unerschrockene Mutter Teresa der Lüfte: »Einmal ist sie 30 Minuten nach einem Antonow-Angriff gelandet. Die Kartons waren im Nu entladen – und schwupp war sie wieder weg.«

Der Hunger und das Sterben im Sudan gehen weiter, da während der Trockenzeit im Winter auch wieder Panzerbewegungen möglich sind.

Missionare haben in Lokichokio gerade berichtet, daß sie beim Ort Tindalo westlich des Bergnils Gefallene der Regierungstruppen sahen, die silberne Schlüssel am Hals trugen – Symbole der islamischen Verheißung, beim Tod auf dem Schlachtfeld als Märtyrer ins Paradies zu kommen.

Die Pilotin Stewart ergreift nicht Partei, sie fliegt zwischen den Fronten und landet bei Freund und Feind. Derzeit fürchtet sie nur, daß eine Altersbeschränkung für Flugzeugführer verfügt werden könnte – wie bei den internationalen Fluggesellschaften, die ihre Piloten spätestens mit 60 pensionieren.

Ein solches Limit wäre für sie schrecklich. »Ich würde Depressionen bekommen«, sagt sie, »ich würde plötzlich jede Minute meines Lebens vermissen.«

GERTRUD PFISTER

Melli Beese und Harriet Quimby – Frauen in ihren »fliegenden Kisten«

Zu den ersten Flugpionierinnen gehören die Deutsche Melli Beese (1886–1925) und die Amerikanerin Harriet Quimby (1875–1912). Beide waren vom Fliegen so fasziniert, daß sie sich trotz aller ihnen in den Weg gelegten Hindernisse nicht davon abhalten ließen. 1911 erwarben beide ihre Fluglizenz und machten danach das Fliegen zu ihrem Beruf. Melli eröffnete in Deutschland eine Flugschule und baute später ihre eigenen Flugzeuge, die »Melli Beese Taube«. Harriet wurde Kunstfliegerin und überquerte 1912 als erste Frau den Ärmelkanal. Ihre »fliegenden Kisten« waren wirklich abenteuerliche Konstruktionen – von allen Seiten offen, mit regelrechten Lenkrädern und einer Art Gartenstuhl als Sitz.

Melli Beese

Amélie Hedwig Beese wurde 1886 in der Nähe von Dresden geboren. Ihre wohlhabenden Eltern – ihr Vater war Architekt – förderten ihre vielfältigen Begabungen; sie zeichnete, spielte verschiedene Instrumente und lernte sieben Sprachen. Ihr Entschluß, zur Bühne zu gehen, scheiterte am Widerstand der Eltern. 1906 bis 1909 studierte sie in Stockholm Bildhauerei. Dort entwickelte sie sich außerdem zur begeisterten Hochseeseglerin und erwarb gründliche Kenntnisse im Schiffsbau, weil, so berichtet sie selbst, sie neben ihrer künstlerischen Arbeit für die Technik ein brennendes Interesse hegte. Seitdem die Nachrichten von den ersten Flugversuchen um die Welt liefen, war sie fasziniert von der »Aviatik« und hörte an der Technischen Hochschule Dresden Flugtechnik und -mechanik. Ihre Vorbilder könnten der berühmte französische Flugpionier Léon Delagrange und seine Schülerin Thérèse Peltier, die schon 1908 als erste Frau fliegen lernen wollte, gewesen sein. Beide hatten sich ebenfalls der Bildhauerei verschrieben.

1910 gab Melli Beese ihre Karriere als Bildhauerin endgültig auf, um ihren Traum vom Fliegen zu verwirklichen. Sie zog nach Berlin-Johannisthal, mietete ein möbliertes Zimmer am Rande eines Kiefernwäldchens mit Blick auf das Flugfeld und machte sich auf, bei einer Flugschule um Unterricht nachzufragen. Hier erlebte sie die erste Enttäuschung, denn weder der Direktor der »Albatros-Werke« noch der Leiter der »Flugmaschine Wright GmbH«, Paul Engelhard, waren an einer Flugschülerin interessiert. Engelhard erklärte Melli Beese ganz offen, er halte es für völlig ausgeschlossen, daß eine Frau mit den Flugapparaten umgehen könne. Als Melli Beese nicht aufgeben wollte, empfahl er, es doch bei einer anderen Flugschule, bei der »Ad-Astra-Fluggesellschaft« zu versuchen. Die »Ad-Astra-Fluggesellschaft« besaß einen »Wright-Doppeldecker«, mit dem sie Schauflüge veranstaltete und Flugschüler ausbildete. Einer der beiden Inhaber, der Diplom-Ingenieur Robert Thelen, der angeblich seinen Mund nur auftat, um eine Zigarette hineinzustecken, akzeptierte Melli Beese als Schülerin – wie sein späteres Verhalten zeigte, möglicherweise aus finanziellen Gründen, denn eine Flugzeugführerausbildung kostete etwa 3000 Mark.

Doch bald darauf kam die nächste Enttäuschung: Melli, die gehofft hatte, schon wenige Wochen später im Himmel ihre Kreise ziehen zu können, mußte warten. Weil damals nur bei absoluter Windstille geflogen werden konnte, war Geduld eine der wichtigsten Eigenschaften der Piloten. In den wenigen Stunden der Windstille drängten sich die Schüler in die Maschine, und die Neulinge kamen erst als letzte zum Zuge. Schließlich war Melli Beese auch kein normaler Flugschüler, sondern eine Frau, die mit argwöhnischer Neugier betrachtet und als unerwünschter Eindringling behandelt wurde. Wochenlang durfte sie nur am Bau und an der Reparatur von Flugzeugen, zerbrechlichen Gebilden aus Holz, Leinwand und Drähten, mithelfen. Ihr technisches

Verständnis, ihr rasches Zupacken und ihre unkomplizierte Art hatten ihr schnell die Herzen der Monteure und Arbeiter gewonnen. Später sollten ihr ihre Erfahrungen in der Werkstatt und ihre Kenntnisse im Flugzeugbau von großem Nutzen sein.

Endlich war es soweit – Thelen nahm Melli Beese mit in die Luft zum ersten Flug, den ihr Biograph Norden einfühlsam schildert:

»Die Monteure hasten zur Seite. Eiskalt springt der Luftstrom Melli an, drückt sie fest in den Platz, der weniger ist als ein provisorischer Stuhl, mit kurzen Beinen auf die Flügelkante gestellt. Die Maschine stößt und holpert über den Boden, wenige Augenblicke nur. Wie in einem alten ungefederten Automobil, denkt sie, ist enttäuscht in plötzlicher Erinnerung an das stoßfreie Anfahren einer Eisyacht. Die Wirklichkeit überholt ihre Gedanken. Nach einem letzten Ruck hört das Stolpern auf, die Erde sinkt unter den Füßen weg, blitzschnell, der Horizont weitet sich links und rechts hoch, der Doppeldecker fliegt ... Melli könnte aufschreien im Glück der Sekunden. Der peitschende Wind dröhnt, lauter noch als das Gebrüll des Motors, in ihren Ohren, zerrt an der Kappe, reißt am Haar, fetzt durch die Lederjacke hindurch. Kalt, bitterkalt. Melli merkt es kaum, denkt nur: Wenn dieser Flug niemals ein Ende nähme. Wenn ich immer so fliegen könnte. Allein, ganz allein. Flügel – Motor – ich. Alle Gedanken schalten sich um auf das neue Weltbild, die Schau von oben, die Freiheit im Raum.«

Das Glück war nicht von langer Dauer. Melli Beese erlebte ziemlich bald am eigenen Leibe, wie gefährlich Fliegen war. Im Dezember 1910 stürzte Thelen mit seiner Schülerin auf dem Passagiersitz ab – eine Antriebskette war von der Motorwelle abgesprungen. Thelen blieb unverletzt, Melli Beese zog sich einen schweren Knöchelbruch zu, der sie zu einer Flugpause zwang. Kurz nach dem Unfall erhielt sie die Nachricht, daß ihr geliebter Vater ganz plötzlich an einem Herzschlag gestorben war. Sie fuhr trotz ihrer Verletzung sofort nach Dresden und verbrachte einige Wochen in ihrem

Elternhaus. Lange hielt sie es dort allerdings nicht aus, der Unfall und seine Folgen konnten an ihrem Entschluß, zu fliegen, nichts ändern, mit unwiderstehlicher Kraft zog es sie nach Johannisthal zurück.

Schon im Januar, noch auf zwei Stöcke gestützt, tauchte sie wieder auf ihrem geliebten Flugplatz auf, wo sie sich durch ihre Hartnäckigkeit doch einigen Respekt bei ihren Fliegerkollegen erwarb. Im Café Senftleben oder in Meinikkes Fliegerrestaurant, beliebten Treffpunkten, wo sich vor allem bei schlechtem Wetter die Piloten einfanden, wurde sie zu einem gerne gesehenen Gast. Trotzdem begann für sie von neuem eine Zeit des Wartens, denn Robert Thelen weigerte sich ohne Angabe von Gründen, sie weiter zu unterrichten. Zu stolz, um von Thelen eine Erklärung zu fordern, wartete Melli Beese fast vier Monate lang, bevor sie sich im Mai 1911 von der »Ad-Astra-Gesellschaft« trennte. In diesen vier Monaten wurde der Flugplatz für Melli zur Heimat; der Flugbetrieb begann am frühen Morgen; tagsüber, wenn der Wind aufgefrischt war oder wenn sich im Sommer sogenannte Luftlöcher bildeten, arbeiteten die Piloten an ihren Maschinen, um dann abends erneut mit ihren Flugapparaten aufzusteigen.

Auch mit ihrem nächsten Fluglehrer hatte Melli Beese Pech. Sie hatte sich entschieden, zusammen mit dem Wright-Piloten von Mossner den Sachsenrundflug mitzufliegen und dann in einer Filiale der »Wright-Gesellschaft« in Weimar ihre Ausbildung zu Ende zu bringen. Beide Vorhaben ließen sich nur ansatzweise verwirklichen. Schon auf der zweiten Etappe des Rundflugs verlor das Team von Mossner-Beese bei strömendem Regen die Orientierung und mußte aufgeben. In Weimar konnte Melli Beese nur dreimal fliegen, weil dann die besten Motoren für einen Wettflug in Berlin benötigt wurden. Immerhin hatte die junge Pilotin bei ihrem dritten Flug in Weimar ein unvergeßliches Erlebnis: Ihr Lehrer überließ ihr die gesamte Steuerung des Flugzeugs. »Zum ersten Mal Leben und Tod in der eigenen Hand – in einer Unmittelbarkeit, wie es bei keinem anderen Sport der Fall ist! ... Ich konnte kein Ende finden – immer wieder ließ ich die Maschine steigen, fallen, wieder steigen, nach links herum schwenken, in immer engeren Kurven. Die Wright-Maschine folgte ja so herrlich leicht auch dem kleinsten Steuerdrucke ...«

Zurück in Berlin versuchte Melli Beese nun bei der dritten Flugschule, den »Rumpler-Werken«, die einen neuen Flugzeugtyp, die »Taube«, bauten, ihr Glück. Ihr Fluglehrer war der erfolgreichste Pilot der Vorkriegsjahre, Hellmuth Hirth, der allerdings nicht eben viel von Frauen am Flugzeugsteuer hielt. Melli gewöhnte sich erstaunlich schnell an das neue Fluggerät, die »Taube«, die sich für ihren Geschmack viel zu leicht flog. Schon nach fünf Flügen war sie bereit für ihren ersten Alleinflug, aber für diese fünf Flüge brauchte sie ein-einhalb Monate. Auch bei Rumpler kämpften zu viele Flug-schüler um die wenigen Flugzeiten, und nur wer seine Ellen-bogen einsetzte, kam zum Zuge. Melli Beese mußte sich nun nicht nur gegen die Konkurrenz ihrer Mitschüler, sondern auch gegen das abwartende Zögern ihres Lehrers, der Frauen nur als Zuschauerinnen auf dem Flugplatz akzep-tierte, durchsetzen.

Am 27. Juli 1911 endlich stieg Melli Beese zu ihrem ersten Alleinflug auf. »Von diesem Morgen an«, schreibt Norden in ihrer Biographie, »hielten die Männer noch mehr zusam-men. Sie witterten Gefahr für den Glorienschein, den die Welt um sie wob, und beschlossen, der fliegenden Frau in ih-ren Reihen das Leben ein wenig schwerer zu machen.« Da-bei bewiesen sie viel Phantasie; sie manipulierten zum Bei-spiel an der Steuerung ihres Flugzeuges. Ein anderes Mal war der Benzintank des Flugzeuges entleert, so daß Melli Beese, gerade als sie die für den Prüfungsflug vorgeschriebe-nen Schleifen fliegen wollte, sofort landen mußte.

Alle Widerstände und Hindernisse hielten sie jedoch nicht auf; an ihrem 25. Geburtstag im September 1911 legte sie ihre Prüfung als erste Pilotin in Deutschland nach 114 Män-nern ab. Die Zeitschrift »Flugsport« würdigte dieses Ereig-nis mit einer kurzen Notiz: »Die erste deutsche Fliegerin.

Auf dem Flugplatz Johannisthal erwarb am 5. September die erste deutsche Fliegerin Fräulein Nelly Beese ihr Führerzeugnis auf einem Rumpler-Etrich-Eindecker. Die junge Dame hatte sich vor einiger Zeit durch einen Sturz mit dem Flieger Thelen aus 50 Meter Höhe einen Knöchelbruch zugezogen, der sie für längere Zeit dem Flugfeld fernhielt. Bald nach ihrer Genesung aber nahm die junge Fliegerin die Flugkunst wieder auf und erreichte auf dem Eindecker glänzende Erfolge. Bei ihrer Prüfung bewies Fräulein Beese hervorragendes Können und beschrieb mit der ›Taube‹ Achten und Schleifen. Zum Schluß landete die Fliegerin aus 50 Meter Höhe mit abgestelltem Motor.«

Schon Ende September beteiligte sich die frischgebackene Pilotin, die einzige Frau unter 24 Teilnehmern, an der Johannisthaler Herbstflugwoche und hatte auch hier mit den üblichen Schwierigkeiten zu kämpfen. Die »Rumpler-Werke« wollten ihr kein Flugzeug zur Verfügung stellen, weil einige der teilnehmenden Piloten gedroht hatten, sie würden nicht mit einer Frau zusammen in einem Wettbewerb starten. Erst das Eingreifen des Flugplatzdirektors, der sich vom Auftreten einer Frau eine Sensation versprach, verhalf Melli Beese zu einer »Taube«, an die sie sich jedoch erst gewöhnen mußte. Auch die Hoffnungen mancher Männer, daß der Start der Pilotin am Fehlen eines Passagiers scheitern würde, erfüllte sich nicht. Es fand sich schließlich doch noch ein junger Flugschüler, der bereit war, als Passagier zu fungieren.

Die Herbstflugwoche, in jenem Jahr vom 24. September bis 1. Oktober, war eine Dauerprüfung, bei der es auf die in der Luft verbrachte Zeit ankam. In den ersten Tagen hielt sich Melli Beese glänzend; es gelang ihr sogar, den Dauerweltrekord und kurz darauf auch den Höhenweltrekord mit Passagier für Pilotinnen mit 825 Metern zu brechen. Zu ihrer großen Genugtuung kam der »Käpp'n«, Paul Engelhard, der Frauen im Flugzeug a priori für unfähig erklärt hatte, im Auto zum Startplatz gefahren, um ihr zu gratulieren und sein Urteil zu revidieren. In der »BZ« war zu lesen: »Alle Achtung! Was das kleine Fräulein auf ihrer Rumpler-Taube leistet, konnte manchem ihrer männlichen Berufskollegen zur Ehre gereichen. Sie stieg auf und blieb volle zwei Stunden und neun Minuten in der Luft. Sie ist somit nur eine Minute hinter der besten Tagesleistung zurückgeblieben.«

Am vierten Tag der Flugwoche schob sich Melli Beese auf den zweiten Platz des Gesamtklassements und wurde damit zur Bedrohung für ihre männlichen Konkurrenten. Das stürmische Wetter am fünften Tag bot dann den Anlaß, die unliebsame Konkurrentin auszuschalten. Melli erhielt unter dem Vorwand, daß eine Frau bei stürmischem Wetter nicht fliegen könne, keine Starterlaubnis; sie mußte das Steuer dem Chefpiloten Hellmuth Hirth, der aber schon nach zehn Minuten wieder landete, überlassen. Dadurch fiel sie auf den fünften Platz zurück, erhielt aber immer noch einen Flugpreis von 2499 Mark.

Sieger der Herbstflugwoche wurde Alfred Pietschker, Enkel von Werner von Siemens, der wenige Stunden nach Melli Beese den Flugzeugschein mit der Nummer 116 erworben hatte. Er gehörte zu den engen Freunden Mellis und verunglückte 24jährig wenige Wochen nach seinem Triumph auf der Flugwoche beim Einfliegen eines neuen Flugzeugtyps. Nach seinem Absturz verbreitete sich das Gerücht, daß er freiwillig in den Tod gegangen sei, weil Melli Beese seine Liebe nicht erwidert habe. Wenige Monate vorher war ein anderer Freund Melli Beeses, Georg Schendel, abgestürzt. Ihm widmete sie einen Nachruf, der mit den Worten endet: »Fliegen ist notwendig, Leben nicht!«

1912 eröffnete Melli Beese zusammen mit ihrem späteren Mann, dem Franzosen Charles Boutard als stillem Teilhaber, die »Melli Beese-Flugschule GmbH«, Sitz Johannisthal.

Aufgrund der günstigen Bedingungen fand Melli Beese sehr schnell Flugschüler und auch einige Schülerinnen, die aber nicht allzuviel Ausdauer zeigten, was wegen der schlechten Berufsaussichten für Frauen in diesem Bereich nicht verwundern konnte.

Die Jahre 1912 und 1913 waren für Melli Beese anstrengend, aber auch erfolgreich. Sie leitete nicht nur ihre Flugschule, sondern konstruierte und baute ihre Flugzeuge selbst. Dabei war sie viel erfolgreicher als manche ihrer männlichen Kollegen. In einem Rückblick erinnert sie sich an die Konstruktionen, »die mehr der Phantasie als technischem Verständnis entsprangen. Sie bildeten für uns eine stete Quelle der Heiterkeit, obwohl es ihren geistigen Vätern so bitterernst damit war ... Ein anderes Flugzeug besaß zwei hintereinandergelagerte Eindeckerflächen und nicht weniger als vier Propeller ... Auch dieser Apparat verließ – wohl zum Glück für die wohlgebildeten Glieder seines Besitzers – niemals den sicheren Erdboden.«

Harriet Quimby

Auf der Suche nach einer spannenden Story geriet die Journalistin Harriet Quimby 1910 in New York auf eine Flugschau, die sie so begeisterte, daß sie einem der tollkühnen Piloten erklärte, auch fliegen zu wollen. Dieser, John Moisant, versprach ihr zwar, sie zu unterrichten, konnte sein Versprechen aber nicht mehr einlösen, da er kurz darauf tödlich verunglückte. Harriet Quimby ließ sich dadurch nicht von ihrem Vorhaben abschrecken. Sie nahm Flugstunden an der von Johns Bruder Albert eröffneten Schule. Jeden Morgen um vier Uhr erschien sie auf dem Flugplatz, gekleidet in einen langen Mantel aus pflaumenfarbenem Satin. Darunter trug sie ein Kleidungsstück, das zur damaligen Zeit höchst undamenhaft war, eine Hose. Eine Kapuze verbarg ihr Haar und ihr Gesicht, so daß es zunächst gar nicht auffiel, daß eine Frau sich dem ungewöhnlichen Sport des Fliegens verschrieben hatte. Doch bald bekam die Presse Wind von dem neuen Hobby der bekannten Journalistin, die in der Folgezeit selbst immer wieder eine gefragte Interviewpartnerin ihrer Kollegen war. In einem der ersten Interviews äußerte sie sich über ihre Motive: »Ich begann zu fliegen, weil ich dachte, daß das Gefühl in der Luft sensationell sein müsse, und ich habe mich nicht getäuscht. Autofahren ist schön ...

aber nachdem ich die Flugzeuge in der Luft gesehen habe, konnte ich dem Wunsch, die Luftwege zu versuchen, wo es weder Geschwindigkeitsbegrenzungen noch Verkehrspolizisten gibt, nicht widerstehen. Außerdem dachte ich, daß es ganz nett wäre, die erste Amerikanerin mit einer Fluglizenz zu sein. Überhaupt ist Fliegen nicht gefährlicher als ein schnelles Auto zu fahren, und es macht viel mehr Spaß.«

Harriet Quimby lernte zur Überraschung ihres Fluglehrers André Houpert sehr schnell, die zerbrechliche Flugmaschine zu beherrschen. Vier Monate nach ihrem ersten Flugversuch und nach 33 Lektionen trat Harriet Quimby als erste Amerikanerin zur Pilotenprüfung an. Sie genoß den Flug auf einer vorgeschriebenen Route und fühlte sich »wie ein Vogel mit ausgestreckten Flügeln in der Luft schwebend«. Nachdem sie auch eine Ziellandung exakt ausgeführt hatte, konnte kein Zweifel mehr bestehen, daß sie die Prüfung bestanden hatte. Über und über mit Schmutz und Öl bedeckt, aber stahlend nahm sie die Glückwünsche ihrer Prüfer und der ganzen Flugschule entgegen. Dies war der Anfang einer kurzen, aber ungewöhnlichen Karriere als Pilotin.

Nachdem Harriet Quimby im August 1911 ihre Fluglizenz in Händen hatte, wurde Fliegen zu ihrem Beruf. Sie schloß sich den »Moisant International Aviators« an, einer Kunstfliegertruppe, zu der neben mehreren Männern auch Mathilde Moisant, die ihre Pilotenprüfung kurz nach Harriet Quimby abgelegt hatte, gehörte. Diese Gruppe trat 1911 bei verschiedenen Flugveranstaltungen auf. Einer der spektakulärsten Auftritte der neuen Pilotin war ein Mondscheinflug über Staten Island, New York, vor 15 000 Zuschauern. Im Oktober nahm Harriet Quimby an einer Flugschau in Staten Island teil, der ersten, die auch Wettbewerbe für Frauen im Programm hatte. Obwohl dieses Ereignis als der größte Pilotinnenwettbewerb in der Geschichte des Flugwesens firmierte, nahmen nur vier Frauen daran teil – neben den in der Moisant-Flugschule ausgebildeten Amerikanerinnen Harriet Quimby, Mathilde Moisant und Blanche Scott nur noch die Belgierin Hélène Dutrieu, die beste Pilotin der damaligen

Zeit. Harriet Quimby war beim ersten Wettbewerb die einzige Teilnehmerin und stellte einen neuen Frauenrekord im Dauerfliegen auf. Am nächsten Tag, einem Sonntag, weigerte sie sich aus religiösen Gründen zu fliegen, und so siegte ihre französische Konkurrentin kampflos in neuer Rekordzeit.

Im November und Dezember trat Harriet Quimby mit der Moisant-Truppe in Mexiko auf, was anscheinend ihrem Drang nach Höherem nicht genügte. Sie entschloß sich, etwas ganz Außergewöhnliches zu unternehmen, nämlich den Ärmelkanal zu überfliegen. Dies hatten bis dahin nur einige Männer, als erster der berühmte Franzose Louis Blériot, gewagt.

Im Frühjahr 1912 reiste Harriet Quimby nach London, um zunächst die Finanzierung ihres Unternehmens durch Spenden und durch den Verkauf der Story exklusiv an den »Daily Mirror« sicherzustellen. Anschließend fuhr sie nach Paris, wo sie mit Blériot zusammentraf, der ihr ein Eindekker-Flugzeug überließ. Ihr ehrgeiziger Plan schien plötzlich gefährdet zu sein, als sich die Nachricht verbreitete, daß eine Engländerin den Kanal überflogen habe. Eleanor Trehawke Davies war diese erste Frau, die den Ärmelkanal im Flugzeug überquert hatte, allerdings – zur großen Erleichterung von Harriet Quimby – nur als Passagierin. Der Pilot dieser Maschine, Gustav Hamel, war entsetzt, als er hörte, daß eine Frau einen derart gefährlichen Flug unternehmen wollte. Er bot sich sogar an, als Frau verkleidet an ihre Stelle zu treten. Harriet Quimby sollte ihn dann irgendwo an der französischen Küste treffen und ihren Platz wieder einnehmen. Selbstverständlich lehnte die junge Amerikanerin diesen Betrug ab.

Am 16. April 1912, nach einer Woche Verzögerung aufgrund des schlechten Wetters, startete Harriet Quimby von Dover in Richtung Calais. Auch jetzt waren die Bedingungen nicht optimal: Es war zwar windstill, aber kalt, und über dem Wasser lag eine Nebelbank.

Die Pilotin, die auf ihrem luftigen Sitz Wind und Wetter

ausgesetzt war, hatte vorgesorgt: Sie trug zwei Garnituren seidener Unterwäsche, einen Fliegeranzug, darüber einen langen wollenen Mantel, einen Regenmantel und schließlich noch eine Stola aus Seehundfell. Ihre Begleiter hatten ihr überdies noch eine Wärmflasche mitgegeben. Trotzdem war der Flug recht ungemütlich und gefährlich. Der Nebel wurde dichter, und die Pilotin mußte sich auf ihre einzige Navigationshilfe, den Kompaß, verlassen – was sie auch deswegen nicht gerne tat, weil sie noch nie vorher einen Kompaß benutzt hatte. Harriet Quimby wußte, daß sie schon bei einer kleinen Kursabweichung über die Nordsee und damit in den sicheren Tod fliegen würde. Wie sie ihren längsten und gefährlichsten Flug meisterte, erzählt sie selbst:

»Vom Flugzeug aus erblickte ich sofort die Festung Dover. Sie war halb vom Nebel verdeckt. Ich fühlte, daß es Probleme geben würde, aber ich flog direkt zur Festung, wie ich den Fotografen des ›Mirror‹ versprochen hatte. Dann war ich schnell jenseits der Klippen und über dem Kanal. Weit unter mir sah ich das Schiff, das der ›Mirror‹ gechartert hatte, mit seiner schwarzen Rauchfahne. Es versuchte, vor mir zu bleiben, aber ich überholte es schnell. Dann nahm mir der immer dichter werdende Nebel die Sicht. Calais war im Nebel verschwunden. Vor mir war überhaupt nichts mehr zu sehen, und auch das Wasser war nicht mehr zu erkennen. Es gab nur noch eine Möglichkeit für mich, und die war, unablässig den Kompaß im Auge zu behalten ...«

»Ich hatte nie vorher einen Kompaß benutzt und zweifelte ein wenig an meiner Fähigkeit, mit diesem Gerät klarzukommen. Kaum war ich aus der Sicht der Zuschauer, als ich schon in eine Nebelbank kam und merkte, daß die Kompaßnadel eine unbezahlbare Hilfe ist. Ich konnte nichts vor mir, unter mir oder über mir sehen. So stieg ich bis in eine Höhe von 600 Metern in der Hoffnung, dem mich umhüllenden Nebel zu entkommen. Es war bitter kalt – eine Art von Kälte, die einen bis in die Knochen erschauern läßt. Ich erinnerte mich etwas in Sorge an die Bemerkung über die Nordsee. Aber ein Blick auf meinen Kompaß überzeugte mich, auf dem richtigen Kurs zu sein.«

Trotz einiger Fehlzündungen ihres Motors, die die Pilotin schon zu Überlegungen veranlaßten, wie sie am besten auf dem Wasser landen könne, ging dann doch alles gut: »Ein Blick auf die Uhr an meinem Handgelenk erinnerte mich daran, daß ich schon ziemlich nahe an der französischen Küste sein müßte. Da erblickte ich plötzlich einen leuchtenden Streifen weißen Sandes, umgeben vom Grün des Grases, und ich wußte, daß ich am Ziel war.«

Daß Harriet Quimby die französische Küste erreichte, grenzt bei der Unerfahrenheit der Pilotin und der schlechten Sicht an ein Wunder. Sie war 25 Meilen von Calais, der Stadt, in der sie eigentlich landen wollte, entfernt, aber das spielte keine Rolle. Sie hatte als erste Pilotin den Ärmelkanal überflogen. Ihre Landung in der Nähe von Hardelot war eine Sensation; die Leute liefen zusammen, und zwei Frauen trugen sie auf den Schultern in den Ort. »Sie unterhielten sich auf französisch«, schrieb Harriet Quimby später, »aber ich konnte verstehen, daß sie sich gratulierten, daß die erste Frau, die den Kanal im Flugzeug bezwungen hatte, an ihrer Küste gelandet war.«

ReBecca Béguin

Die Hälfte des Himmels –
Das »Powder-Puff-Derby«

Den Hintergrund zu ReBecca Béguins Krimi bildet der 1929 zum ersten Mal ausgetragene Frauenflugwettbewerb, von der Presse verächtlich als »Powder-Puff-Derby« bezeichnet. Der Wettflug begann in Santa Monica (Kalifornien) und endete acht Tage später in Cleveland (Ohio) nach einer Strecke von 4500 Kilometern. 20 Pilotinnen meldeten sich zum Start, unter ihnen auch Amelia Earhart, Marvel Crosson, Blanche Noyes, Ruth Nichols, Louise Thaden und die Deutsche Thea Rasche. Es kam zu mysteriösen Unglücksfällen, die zum Teil nie aufgeklärt wurden. Thea Rasche wurde kurz vor dem Start vor Sabotage gewarnt, mußte notlanden und stellte fest, daß ihr Benzintank mit Sand verunreinigt war. Blanche Noyes entdeckte in 1000 Meter Höhe einen Brand in ihrem Gepäckraum. Sie landete, löschte die Flamme mit Sand, startete wieder und flog weiter. Besonders tragisch endete der Wettbewerb für Marvel Crosson. Man fand ihr demoliertes Flugzeug südlich von Phoenix im Gila River. Nicht weit davon entfernt lag ihr zerschmetterter Leichnam. Soweit die Tatsachen.

Orte, Handlung und Personen des Romans sind frei erfunden, schreibt ReBecca Béguin in einer Vorbemerkung, doch die geschilderten Unfälle und technischen Probleme beruhen auf historischen Fakten.

Wo war Stevie?

Stevie hatte notlanden müssen. Die Nachricht kam über Funk und machte die Runde. Eine Nachhuteskorte half ihr, nach Yuma zu kommen. Niemand wußte, was Stevies Eagle Wing fehlte. Eine andere Eskorte flog gerade nach Colexico, von wo die Meldung gekommen war, daß auch Louise Gibeau hatte notlanden müssen. Ihre Tragflächenkabel waren gerissen – wie viele, wußte bisher niemand. Vielleicht würden sie es abends in Phoenix herausfinden.

»Verdammt!« murmelte Hazel in der Pilotinnenlounge und starrte in ihr Glas mit Wasser, als könnte seine Transparenz irgendein Bild offenbaren. Oder zumindest Klarheit bringen. Hatte Stevie immer noch Probleme mit der Elektrik? Hatte sie Saft verloren? Oder war es etwas anderes?

Jo saß ihr gegenüber und aß mit einer Gabel ein Stück Melone. »Hazel, mach dir nicht solche Sorgen!«

»Ich kann nicht anders, es ist diese Ungewißheit.«

»Komm schon, du steigerst dich da rein.«

Hazel wurde von Alexis gerettet, die hinter ihr auftauchte und ihren Stuhl nach hinten kippte.

»Alli! Wie läuft's?«

»Wir konnten bisher nichts feststellen, aber ich spüre immer noch was. Schwierig. Wir haben die Ventile neu eingestellt. Der Druck stimmt, aber irgendwas ist mit dem Auspuff ...«

»Du verbrennst aber kein Öl, oder?«

»Nein, das nicht, eher so, als wär was locker, ein Vibrieren.«

»Die ganze Zeit?«

»Nein, erst ab 120 Meilen aufwärts.« Das war Al, Alexis' Bruder, der hinter Alli auftauchte. Zwischen seinen Augenbrauen stand eine tiefe Sorgenfalte. Er zerrte an Allis Ärmel. »Wir informieren dich später, Hazel. Wir haben nicht viel Zeit, und ich will noch ein paar Checks durchführen.«

»Ich komme nachher bei euch vorbei, wenn nichts dazwischenkommt, sonst heute abend«, sagte Hazel. Sie nahm an, daß er etwas herausgefunden hatte.

»Bestätigt.« Er nickte kurz und zog an Alli. »Wir sind in der ersten Hälfte, aber ich weiß nicht, ob wir soweit sein werden. Vielleicht wäre heute abend am besten. Laß uns das verabreden ... Ich hätte da ein paar Fragen.«

Die Pilotinnen waren im Erfrischungszelt neben der Landebahn und besprachen in informeller Runde die Streckenkarten. Die Sonne neigte sich gen Westen und warf lange Schatten über die Wüste – Schatten, die auf die nach Erlösung von der Hitze lechzenden Frauen zuzueilen schienen. Sie warteten, bis alle Flugzeuge gelandet waren, um die Aufstellung für den nächsten Tag festzulegen. Vera wanderte zwischen Zelt und Landebahn auf und ab, wartete auf das Eintreffen ihrer großen Kamera und murmelte irgend etwas, wie ideal gerade jetzt das Licht für Aufnahmen wäre. Sie verließ drei Frauen, die sichtlich entspannt um einem Tisch saßen, mit den Worten, sie seien ein »besonders ansprechendes Bild«, und machte sich auf die Suche nach Eleanor, die ein wenig hatte aufholen können. Sie war kurz hinter Nancy und Lila gelandet.

Unter dem Baldachin sagte Maxie gerade: »... und dann bin ich über Gleise geflogen und dachte mir, denen folge ich mal lieber.« Sie untermalte ihre Geschichte mit schwungvollen Gebärden. »Tja, und was finde ich vor? Eine Siedlung, ein Haufen Lehmhütten, und ich beschließe, auf einem relativ planen Straßenstück zu landen. Oh, die Hühner haben vielleicht gegackert! Und was sprechen sie, als ich aussteige und nach dem Weg frage? Spanisch! Ich bin über die Grenze, in Mexiko. Ist das zu glauben?«

Hazel saß da und lauschte aufmerksam, obwohl sie die Geschichte, die nach Maxies Landung sofort die Runde gemacht hatte, schon kannte. Jetzt wurde sie gerade Jo zu Ehren erzählt. Sie lehnte sich, das Kinn in die Hand gestützt, über den Tisch und angelte nach einer Schale mit Früchten, wobei sie fortwährend den Himmel und den beginnenden Sonnenuntergang betrachtete. »Wie erklärst du dir das, Max?«

»Frag nicht«, schnaubte Maxie scherzhaft, aber Hazel wußte, daß sie damit nur ihre Anspannung zu verbergen versuchte. »Ich hab's mit Absicht getan! – Mexiko ist der direkteste Kurs nach Phoenix.« Maxie lachte ihr typisches dröhnendes Lachen.

»Na, ist ja gut, daß du's so fröhlich nehmen kannst.« Jo klopfte ihr auf den Rücken und blinzelte zum westlichen Horizont. Das Licht blendete plötzlich, als die Sonne unter die Kante des Baldachins sank. In Kürze würden Leuchtfeuer ausgebracht werden müssen; alle Flugzeuge sollten vor Einbruch der Dunkelheit gelandet sein, selbst wenn nicht auf dem vorgesehenen Flugplatz. Maxie fuhr fort, als wollte sie nur ungern die in stiller Übereinkunft gehaltene Ausschau nach den letzten Pilotinnen aufgeben. »Was heißt fröhlich! Mensch, wenn ich es nicht so nehmen würde, liebe Jo, wäre ich erledigt. Ich meine, ich habe ja bloß eine gute Stunde mehr auf meiner Stechkarte zu verzeichnen.«

»Aber«, beharrte Hazel, die mit ihrem kleinen Taschenmesser eine Orange schälte, »weißt du, wo du deinen Fehler gemacht hast?«

»Du hartnäckige kleine Teufelin, du!«

»Oh, du hast schon Schlimmeres zu mir gesagt«, gab Hazel zurück.

»Stimmt. Aber erinnere dich, daß du mir gesagt hast, ich solle auf dieser Tour meine verdammte Zunge hüten.«

»Dann sag mir irgendwas auf spanisch! Ich wette, du kennst ein paar saftige Flüche. Jetzt erzähl schon, was schiefgelaufen ist.«

»Ich habe vermutlich meine Koordinaten falsch abgeschrieben. Ich erinnere mich, wie ich auf meinen Kompaß schaute und dachte, irgendwas ist da komisch. Dann wollte ich auf meiner Karte nachsehen, und da flog sie mir aus dem Cockpit!« Maxie sank auf ihrem Stuhl in sich zusammen, sie lachte nicht mehr. »Aber glaub ja nicht, daß ich das Eleanor beichte, falls sie mich je danach fragt.«

»Sie wird dich nicht danach fragen. Aber sie wird alles über Mexico wissen wollen. Wir alle gehen früher oder später mal am falschen Ort runter«, warf Jo sanft ein. »Es ist bald Zeit fürs Abendessen. Gehen wir hin? Offen gestanden, ich bin halb verhungert. Und müde. Vielleicht sollten wir unsere Portionen holen und hier draußen essen.« Im selben Moment ertönte das ferne Röhren eines Flugzeugs.

Die drei gingen hinaus auf die Landebahn. Es war eine Begleitmaschine. Sie landete sicher, Alan am Steuer. Im nächsten Augenblick wurde die Luke geöffnet, und er sprang hastig heraus, unübersehbar besorgt. Gleichzeitig mit der Crew rannten die drei Pilotinnen auf ihn zu. Alan packte Gus bei den Schultern. War Alexis gelandet, gab es irgendeine Nachricht? Auf ein paar kurze Anweisungen hin wurde die C-175 von der Bahn gerollt und aufgetankt.

Gus drängte Hazel zurück. Ausgeschlossen, sie könne nicht mitkommen. Sei doch vernünftig. Das hier war Aufgabe der Crew. Außerdem stand es in den Statuten: Für die Dauer des Derbys haben die teilnehmenden Pilotinnen sich an die Pläne zu halten und dürfen nur von der Crew Hilfe in Anspruch nehmen, nicht von anderen Wettkampfteilnehmerinnen. In wenigen Minuten war die C-175 wieder in der Luft, Gus am Steuer, Alan neben ihm, und ließ eine Gruppe verzweifelter Frauen auf dem Flugfeld zurück.

»Wer zur Hölle will jetzt noch essen?« sagte Maxie niedergeschlagen. »Kommt, laßt uns helfen, die Leuchtfeuer auszubringen.«

Niemand wollte das Flugfeld verlassen. Bei ihrer ersten Nachtwache leisteten alle Wettkampfteilnehmerinnen Vera bis in den späten Abend hinein Gesellschaft, alle schmutzig und müde und immer noch in Fliegerinnenmontur.

Eine Pilotin war unterwegs runtergegangen. Spekulationen darüber, was passiert sein konnte, kursierten durch die zunehmende Dämmerung. Das Funkgerät blieb stumm. Auf dem Flugfeld oder in der Pilotinnenlounge wachend, warteten die Frauen auf eine Nachricht. Wenigstens eine Nachricht. Sie wußten nur eines: Da die Nachhut nichts von ihr gesehen hatte, mußte Alexis irgendwo bruchgelandet sein.

Eine zweite und dritte Maschine mit Wettkampffunktionären und einem Arzt an Bord flogen in die Nacht.

Alexis war abgestürzt.

Hazel konnte nicht an Essen denken, spürte keinerlei Hunger mehr; sie aß lediglich einen kleinen Bissen von dem in Hühnchensoße getunkten Brötchen, das Maxie ihr mit nach draußen gebracht hatte. Das Schweigen des Funkgerätes zermürbte sie.

Sie überließ das Auf- und Abgehen, das quälende Warten den anderen Pilotinnen und versuchte statt dessen einen klaren Kopf zu bewahren, sich zu beschäftigen, indem sie sich ans Funkgerät setzte und die Ohren offen hielt. Das abendliche Auftanken überwachte sie persönlich, weil sie nicht wußte, wem von der hiesigen Crew zu trauen war, und weil Gus allzu spürbar abwesend und auf Such- und Rettungsmission war.

Nachdem sie mit der Crew die Treibstoffässer auf Transportkarren gehievt hatte, machte sie sich an die aufwendige Arbeit, die richtige Mischung von Benzin und Öl abzustimmen, die die Crew dann in jedes Flugzeug pumpte. Währenddessen halfen Maxie und Vera, entlang der Landebahn die Tonnen für die Leuchtfeuer aufzustellen.

Irgend jemand hatte Gaslampen beschafft, die im Erfrischungszelt aufgehängt wurden. Dort saß Eleanor und schrieb ihren Bericht, unermüdlich bestrebt, die anderen Fliegerinnen zu beruhigen und aufzumuntern – etwas, was sie sehr gut machte. Auch ging sie immer wieder zu den Reportern, die sich auf dem Flugfeld herumtrieben, und erklärte ihnen: »Wenn Sie Schlaf brauchen, gehen Sie ruhig. Kommen Sie wieder, wenn Sie wollen, ansonsten lassen wir Sie wissen, was passiert ist, sobald wir Nachricht haben.«

Nach dem Auftanken ging Jo mit Nancy und Lila, um sich ein wenig auszuruhen, aber Hazel hatte das Gefühl, genug Energie und Ausdauer zu haben, um nach Cleveland zu laufen, vom Fliegen ganz zu schweigen. Sie ging ins Zelt, forderte Maxie, Eleanor und Vera auf, ebenfalls ins Bett zu gehen, und starrte hinaus auf die Leuchtfeuer.

Aber Maxie blieb und paffte eine Zigarre. Sie schwiegen.

Der schwarze Horizont verdrängte nach und nach das letzte Gold des Himmels. Lichter von den umliegenden Siedlungen und Farmen leuchteten in der Dunkelheit. Doch all-

mählich schienen die Leuchtfeuer heller als alles ringsumher.
Nach einiger Zeit sagte Maxie: »Ich geh uns ein paar Dek-
ken suchen. Es wird bald verdammt kalt werden.«

Hazel nickte. Sie würden heute nirgends mehr hingehen.

Sie legte die Füße auf den Tisch und löste ihre Schnürsen-
kel. Die Männer der Crew hatten sich offenbar zurückgezo-
gen, obwohl überall Lichter brannten. Heute nacht schien
niemand Karten zu spielen, soweit sie sehen konnte. Sie
hörte, wie die metallenen Dächer der Flugzeugschuppen sich
beim Abkühlen zusammenzogen. Es klang wie Regen.

Sie fühlte sich eher überwach, dennoch schwirrten ihr
traumähnliche Bilder von Gus' und Als Suchaktion durch
den Kopf. Wie hatte sie einwilligen können, hierzubleiben?
Sie alle sollten dort draußen auf der Suche sein. Zum Teu-
fel mit den Statuten, dem Flugplan und der Zeit! Sie stellte
sich vor, wie Alexis Leuchtsignale gab. Wenn sie Feuer
machte, wäre es vielleicht einfacher, sie im Dunkeln zu finden. Das zumindest hatten sie alle gelernt, wie unkonven-
tionell ihr Training sonst auch gewesen sein mochte. Wer
notlanden muß, setzt Sichtzeichen, außer sie ist zu schwer
verletzt.

In Wahrheit hatte Hazel noch nie eine Notlandung machen müssen. Einmal hatte sie einem Schuppen das Dach ab-
rasiert. Dabei waren ein oder zwei Verstrebungen zu Bruch
gegangen. Sie dachte an Stevie, die im Sand hatte notlanden
müssen, weil im Innern des Flugzeugrumpfes ein Feuer aus-
gebrochen war. Defekte Kabel? Sie war gelandet, hatte das
Feuer gelöscht, indem sie ein paar Handvoll Sand darauf
warf, und der über ihr kreisenden Crewmaschine gewunken.
Nachdem sie ein paar Kontakte unterbrochen hatte, war genügend Energie geblieben, um weiterzufliegen. Kein funk-
tionierendes Armaturenbrett mehr, aber wozu auch, wenn
man einen Kompaß hatte?

Hazel selbst hatte noch nie eine wirklich brenzlige Situation erlebt. Sie konnte nur versuchen, sich vorzustellen, wie
so etwas war. Die Ungewißheit war schwer zu ertragen. Es
nagte an ihr, daß es einer anderen passiert war und sie nichts

tun konnte, um zu helfen. Ausgerechnet Alexis! Alexis, für die es normal war, meilenweit über die Tundra zu fliegen. Sie war die ganze Küste Alaskas entlanggeflogen, manchmal sogar weit über dem Meer. Einfach lächerlich, daß sie bei einer so einfachen Etappe sollte notlanden müssen. Wieder hellwach, begann Hazel erneut auf und ab zu gehen.

Maxie kam mit Decken zurück und warf Hazel eine um die Schultern.

»Willst du eine rauchen?« Maxie reichte ihr eine Zigarre.

»Ja.« Hazel blieb stehen, damit Maxie ihr Feuer geben konnte. Sie inhalierte, bis sie husten mußte. Maxie klopfte ihr auf den Rücken und sagte, sie solle die Arme hochnehmen.

»Du darfst das verdammte Ding nicht auf Lunge rauchen, Preston. Nur paffen, sonst kann ich dir nie wieder eine anbieten.«

Hazel lachte. »Geht schon wieder.«

»So ist es besser.« Maxie lächelte im schwachen Lichtschein. »Ich habe unter Miss Mack eine Bodenplane. Willst du mitkommen, dich 'n bißchen ausruhen? Ich brauch das jetzt, sonst können sich meine Augen morgen nicht auf die Koordinaten konzentrieren.«

»Ich komme, wenn ich mich nicht mehr aufrecht halten kann. Ich schau mir vielleicht noch mal meine Karte an.«

»Du weißt, wo du mich findest, wenn du mich brauchst.« Maxie drückte Hazels Schulter, ihre Stimme gedämpft, beinahe als spräche sie mit sich selbst. »Wenn das hier schlecht ausgeht, werde ich mich furchtbar verantwortlich fühlen, weil ich Alli überredet habe, an diesem bescheuerten Derby teilzunehmen. Wie soll ich damit leben? Wie?«

Hazel wußte nicht, was sie darauf sagen sollte, und legte statt dessen ihre Hand auf Maxies.

Als Eleanor und Vera zurückkamen, fanden sie Hazel zusammengesunken in einem Stuhl, die bestrumpften Füße übereinander. Ihr Kopf war zur Seite gesunken, ihr Kinn ruhte auf der linken Schulter. Beim Geräusch der Schritte fuhr sie zusammen. Die Lampe auf dem Tisch war erloschen,

aber ihre Karte lag immer noch ausgebreitet da, an den Ek-
ken mit Steinen beschwert.

Vera schaute hinaus auf die Reihe der Leuchtfeuer. »Wie
hell die Sterne jetzt sind, wie nah. Sie scheinen die Leuchtfeuer zu überstrahlen.«

Hazel zog ihre Stiefel an. »Vor ein paar Stunden war jemand mit Melvin draußen, um Kohle nachzulegen, aber
jetzt könnten wir das noch mal übernehmen.«

Sie gingen zu einem der Schuppen, um nach dem Kohlenei-
mer und einer Schaufel zu suchen. Sie suchten das Infobrett
nach letzten Neuigkeiten ab. Es gab noch immer keine
Nachricht. Das bedeutete nichts Gutes; der Suchtrupp hatte
noch nichts gefunden.

Funken stoben mit jeder neuen Ladung Kohle, die die drei
auf ihrem Weg die Startbahn hinunter in die Kohlepfannen
füllten. An der letzten drängten sie sich eine Weile dicht aneinander, um sich aufzuwärmen.

Verdammt. Warum gab es immer noch keine Nachricht?
Hazel blies in ihre Hände und streckte die Finger dann wieder über dem Feuer aus. Ihre bleierne Müdigkeit war einer
explosiven Ungeduld gewichen. Wut. Sie wollte Antworten.
Wenn die Crewmaschinen sie bisher nicht gefunden hatten,
würden sie irgendwo zum Auftanken landen müssen, von
wo sie Nachricht senden konnten. Daß es bisher keine gab,
konnte nur bedeuten, daß sie irgendwo in der Wüste gelandet waren, um ihr zu helfen.

Sie dachte daran, wie Al und Al sich wegen der Travel
Arctic Sorgen gemacht hatten, wie nervös Alexis gewesen
war. Was war passiert – technisches Versagen? Ein Fehler der
Pilotin? Sie alle hatten mit den Sandstürmen zu kämpfen gehabt. Hatte irgend etwas an der Bauart der Arctic das Ein-
dringen von Sand begünstigt? Ein Verdacht nagte an ihr: War
es möglich, daß jemand an der Maschine herumgepfuscht
hatte? Seit Louises Beschwerde und den Bedenken von Al war
Hazels Angst immer größer geworden. Sie spürte, wie sie
durch ihren Körper kroch wie Gift, wie ein Aufputschmittel.

45

Alexis! Hazel erwachte jäh. Ihr Körper roch nach altem Schweiß. Sie setzte sich auf und konnte gerade noch verhindern, daß sie mit dem Kopf an die niedrige Tragfläche über ihr stieß.

Beim ersten Licht gegen fünf Uhr morgens kamen die Mechaniker in Bewegung. Das Scheppern von Eimern, das Geräusch spritzenden Wassers erinnerte sie nur zu deutlich daran, wo sie war. Benommen stellte sie fest, daß die Leuchtfeuer erloschen waren. Der Himmel war schiefergrau.

Die Mechaniker fingen bereits mit den Flugvorbereitungen an. Sogar Stevies Flugzeug war fertig und startklar.

Hazel hoffte jede Minute, daß endlich Nachricht kam, irgend etwas, um weitermachen zu können. Ein Wettkampffunktionär brachte die Schachtel mit den Nummern, stellte sie auf einen Tisch im Erfrischungszelt und wartete. Während Eleanor losging, um mit ihren Pressekontakten zu reden, berieten sich die Pilotinnen, über Hazels Karte gebeugt, besprachen die Besonderheiten der bevorstehenden Etappe. Das Wetter würde wieder heiß und trocken sein, das Terrain unwirtliche Wüste.

Wieder ging ihr Kurs Richtung Südosten, kreuzte den Gila River, um dann östlich von Santa Cruz zu verlaufen. Tuscon sollte, außer in Notfällen, übersprungen werden, dann mußten sie den San Pedro River überqueren und in südlichem Winkel zu den Dragon Mountains fliegen. Ihr Ziel war Douglas, nahe der Grenze von Arizona, ein Zwischenstop auf einem kleinen Militärflugplatz. Es war wichtig, nicht über Douglas hinauszuschießen und in Mexiko zu landen. Von dort aus würden sie weiter über New Mexico fliegen, mit Ziel auf die unsichtbare Grenze von Texas, Büffelgrasland, und dann in El Paso die Nacht verbringen.

Die Hauptsorge galt dem, was sie von der Presse in Douglas zu erwarten hatten. Welche von ihnen auch immer zuerst landete, mußte schnelle Antworten parat haben. Was sollte für alle gemeinsam gesagt werden? Ungewöhnlicherweise wollte Pamela eine Nachrichtensperre, bis alle Pilotinnen gelandet waren. Sie wurde überstimmt. Unmöglich. Sie mußten ein einträchtiges Statement abgeben. Schließlich einigten sie sich auf folgende Formulierung: »Alle Pilotinnen möchten die Möglichkeit haben, zuerst den neuesten Stand über Alexis Laraway zu erfahren, bevor sie individuelle Kommentare abgeben. Was das Derby anbelangt – wir werden weitermachen. Die Teilnehmerinnen sind darüber einer Meinung.«

Und dann saßen sie da und brüteten über ihrem Kaffee.

Der Funktionär räusperte sich. »Meine Damen, wir müssen das hier hinter uns bringen.«

Niemand rührte sich.

Dann zog sich Hazel langsam hoch, alle standen nach und nach auf, bildeten träge einen Kreis um die Schachtel. Hazel trat vor und sagte mit angespannter Stimme: »Es ist für keine von uns leicht. Indem wir eine Nummer ziehen, gestehen wir etwas ein. Wir geben einen Verlust zu – und das wollen wir nicht, weil wir keine Gewißheit haben. Wir geben zu, daß Alexis nicht dabeisein kann ...« Ihre Stimme wurde heiser. »Wir geben zu, daß wir weitermachen müssen, obwohl sie nicht hier ist, obwohl wir keine Ahnung haben, was der Suchtrupp gefunden oder nicht gefunden hat. Wir wissen, daß es schon zu lange dauert, daß Alexis, wenn der Suchtrupp keine Signalfeuer entdecken konnte, vielleicht schwer verletzt ist. Es ist möglich, daß ihr Flugzeug zu beschädigt ist, um im Rennen zu bleiben. Wie immer auch das Ergebnis sein mag, ich glaube, ich glaube wirklich, daß wir stark sein müssen, daß wir dranbleiben müssen.« Das Klikken einer Kamera schreckte sie auf. »Wir müssen weitermachen. Ich glaube, daß sie das von uns erwartet. Also fange ich an, weil ich an das glaube, was wir tun. Wenn eine von euch die Führungsposition zieht und sich irgendwie unwohl damit fühlt, dann übernehme ich sie.«

Ohne vor ihrem Abflug etwas Neues erfahren zu haben, flog Hazel ihre Etappe wie immer, achtete auf den Wind, ihren Kompaß und ihre Flughöhe. Aber es war nicht dasselbe. Sie konnte nur hoffen, daß mit Alexis alles in Ordnung war.

Sie dachte an Jos Bemerkung über die Winde, an das hartnäckige Problem, das Al und Al zu schaffen gemacht hatte. Sie konnte nicht umhin, sich zu fragen, ob jemand an der Maschine herummanipuliert hatte. Irgendwas Heimtückisches, was nicht gleich auffiel. Vielleicht in Santa Monica? Aber warum? Und warum ausgerechnet Al und Al? Es war absurd.

Um sich abzulenken, gedachte sie ihres 22-Stunden-Solofluges – wie ihr Gehirn angefangen hatte, eine eigene Realität zu erschaffen, jenseits des unaufhörlichen Lärms ihres Motors, außerhalb ihrer Bewußtseinskontrolle. Das war auf diesen kurzen Etappen nicht passiert. Wie überrascht sie gewesen war, als Jo plötzlich Backbord auftauchte und in der Auftankmaschine eine große Runde mit ihr zusammen flog, bevor sie mit dem Manöver begannen. Wie belebend das gewesen war – eine Unterbrechung der Monotonie. Wie schwerfällig ihr Körper zuerst reagiert hatte, wie verkrampft ihre Beine auf dem Ruderbalken waren, bis die Erregung spürbar wurde. Dann kam die Präzision eines jeden Schrittes und die gefährliche Position von Jos Maschine direkt über ihr, als sie und Jo die Benzinleitungen miteinander verbanden, dann das Schritthalten, während der Kraftstoff mit Hilfe der Schwerkraft von einem Tank in den anderen floß. Wie oft hatten sie das geübt und durchgesprochen, und dennoch kam es ihr immer noch unberechenbar und gefährlich vor.

Sie konnte sich nicht helfen, bei aller Sorge um Alexis war sie auch ein bißchen wütend auf sie. Fliegen war immer unberechenbar, aber Alexis mußte irgendwas gemerkt haben, bevor sie runterging. Sie hätte umkehren sollen ... verdammt ... Ich hätte mehr darauf geben müssen, als sie und Al sich Sorgen gemacht haben, dachte Hazel. Ich hätte ihr raten sollen, um eine Startverschiebung zu bitten, hätte ihr sogar raten sollen, ihre Teilnahme zurückzuziehen. Aber wie soll man das vorher wissen? Was hätte ich noch tun können?

Natürlich wußte Hazel, daß bei Derbys die eine oder andere Katastrophe unvermeidlich war. Bei Männerderbys gehörten Bruchlandungen beinahe zur Tagesordnung. Aber dies war das erste Frauenderby. Sie mußten erst noch Glaubwürdigkeit erringen, mußten vorsichtig sein. Nicht auszudenken, was die Presse über Frauen schreiben würde, die abstürzten.

Als sie über dem Flugplatz von Douglas kreiste, sah sie, daß noch nicht alle Maschinen gelandet waren. Sie hatte über einen Großteil der Strecke eine Luftströmung als Rükkenwind nutzen können. Militärflugzeuge in Reih und Glied säumten die Landebahn wie eine Ehrengarde. Sie sah keine Menschenmenge, nur ein paar Mechaniker, die zwischen den Flugzeugen hin- und herliefen und das Ganze alltäglich wirken ließen. Aber sie wußte, daß die Presse auf der Lauer lag, ob es nun Neues von Alexis gab oder nicht. Sie stählte sich für die Landung, als wäre die Bahn eine Ölfläche.

Als sie ausgerollt war und der Lotse seine Fahne senkte zum Zeichen, daß die Bodencrew sie von der Landebahn schieben konnte, sah Hazel eine Phalanx von Wettkampffunktionären und Militärs, die sie erwarteten. Sie witterte Unheil und sprang aus ihrem Cockpit mitten in die Eskorte hinein. »Hier entlang, Miss Preston.« Einer der Funktionäre deutete in eine Richtung, während ein anderer sie beim Arm nahm.

Hinter ihnen, in einem mit Seilen abgeteilten Bereich, drängte sich, von Kadetten bewacht, eine Zuschauermenge – den Notizblöcken und Kameras nach zu urteilen Reporter. Nun, an der Organisation auf diesem Zwischenstop war wirklich nichts auszusetzen – Militärbewachung war mehr, als man erwarten konnte, die Zivilbevölkerung wurde gänzlich vom Flugfeld ferngehalten.

Sie fühlte sich unbehaglich zwischen lauter Männern eingezwängt und geschoben, aber die hartnäckigen Rufe der Reporter erreichten sie trotzdem. Sie schützte ihr Gesicht mit den Händen, als die gräßlichen Worte auf sie einhagelten: »Miss Preston, Miss Preston! Ändert der Tod von Miss Laraway Ihre Meinung zur Fortführung des Derbys? Miss Preston ...«

»Keine Fragen, keine Fragen!« bellte ein Funktionär.

Hazel würgte krampfartig vor Schock, als ihr die Bedeutung der lässig, ja gleichgültig hingeworfenen Worte klar wurde. Wie lange wußten die Reporter es schon?

»Entschuldigen Sie, meine Herren, bitte ...« Plötzlich wurde sie an einigen weiteren Kadetten vorbei und durch eine Tür geschoben, die hinter ihr zuschlug.

Vor ihr saßen die meisten ihrer Kameradinnen in einer muffigen Unterkunft, vermutlich eine Funktionärslounge. Einige kauerten um einen Konferenztisch, andere lagen auf bereitgestellten Feldbetten oder hockten wie Maxie zusammengesunken in einem der Ledersessel. Maxies Augen waren geschlossen, aber dick und rot vom Weinen.

Hazel stand da, starr von dem Schock, daß Alexis tot war. Ihr Sichtfeld verschwamm. Schließlich stolperte sie vorwärts und sackte auf einen der Stühle am Tisch. Ein schlechter Geruch hing in der Luft, trat an die Stelle der Treibstoffdämpfe, die sie noch in der Nase hatte. Wie der Geruch des Todes. Was war es? Sie saß da und starrte auf das glänzende, glatte Holz des Tisches.

Als Hazels Sinne etwas klarer wurden, begriff sie, daß der Geruch von dem polierten Leder der Stühle kam und dem abgestandenen Mief von starkem Tabak, der sich überall festgesetzt hatte. Dies war kein Ort, an den normalerweise Frauen kamen. Ein fremder Ort ohne Behaglichkeit. Unter normalen Umständen wären die Pilotinnen wohl kaum hierher geführt worden, eher in den Speiseraum der Kadetten. Wahrscheinlich hatte man sie hierher gebracht, weil niemand so recht wußte, wohin mit ihnen.

Die großen Druckbuchstaben der Zeitungen verschwammen vor ihren Augen, sie bekam hämmernde Kopfschmerzen. Da war auch ein Bild – es mußte ganz früh an diesem Morgen gemacht worden sein. Jemand von der Presse war so früh schon dort gewesen. *Sie* wußten es! Die Travel Arctic, wenn sie es war, lag da als ein schwelender Haufen, nicht zu identifizieren. Aber sie konnte einen unverkennbaren Teil von Alexis' Registriernummer ausmachen – 05 sowie die 8, welche das Flugzeug als Teilnehmer des Derbys auswies. Die Überschrift lautete:

Derby-Pilotin nahe der Gilabiegung tödlich verunglückt
Leiche neben dem Wrack aufgefunden

Hazel schlug mit der Faust auf den Tisch, um sich Aufmerksamkeit zu verschaffen. »Ich finde es wichtig, daß wir als Team arbeiten. Wir haben noch nicht mal die Hälfte geschafft! Ich will nicht, daß irgend etwas unter Verschluß gehalten wird, das sage ich euch allen ganz offen – checkt eure Maschinen doppelt und dreifach bis direkt vor dem Abflug. Wir wissen bisher nicht, wodurch der Unfall verursacht wurde, aber ihr wißt alle, daß Louise es ziemlich verdächtig fand, was mit ihren Kabeln passiert ist. Alexis' Tod ist möglicherweise noch nicht das Ende vom Lied.«

Ein Gemurmel aus Bestürzung und Widerspruch erhob sich.

Hazel bat mit erhobener Hand um Ruhe. »Al erzählte mir, daß unter den Bodencrews möglicherweise faule Wettgeschäfte im Gang sind, an einigen oder auch an allen Zwischenstationen, und wer weiß, was sonst noch läuft. Wir alle haben im Zusammenhang mit Männerderbys schon von so was gehört. Er wollte mich noch genauer informieren, aber ich konnte letzte Nacht nicht mehr mit ihm sprechen. Gus wird mir erzählen, was er zu berichten hat. Ich denke, wir sollten wachsam sein, das ist alles. Ein Ölfritze hat damit gedroht, die Treibstofflieferungen zu blockieren, um das Derby zu stoppen. Es wird noch andere geben.«

»Ich stimme Hazel zu«, erklang eine kräftige, heisere Stimme. Es war Louise Gibeau, die jetzt aufstand, die Hände in den Taschen ihrer Reithose. Klein und rundlich mit einem Stirnpony, der ihr in die Augen fiel, war es schwer, in ihr die Draufgängerin zu sehen. Im allgemeinen eher zurückhaltend als gesprächig, räusperte sie sich nun. »Ich wollte sagen, daß ich eine Präzisions-Stuntfliegerin bin und sehr feinfühlig auf meine Maschine reagiere. Ich kann es mir nicht leisten, dies nicht zu tun. Ich habe festgestellt, daß meine Tragflächenkabel allesamt durchgeätzt waren. Nein, sie sind nicht von zu großer Beanspruchung gerissen. Ich habe einen offiziell bestätigten Bericht, daß die Kabel zu einem ziemlich gefährlichen Grad durch Säure angefressen sind. Warum? Ich hatte kurzzeitig den Gedanken, daß vielleicht jemand keine Kanadierin in diesem Derby haben wollte. Dann dachte ich, Schwachsinn. Aber Alli hat darüber geklagt, daß irgendwas nicht in Ordnung war. Und das macht mich stutzig, wißt ihr. Sie war auch nicht von hier. Das bringt mich zu der Überlegung, daß Madelyn, weil sie aus Australien kommt, besonders vorsichtig sein sollte.«

»Ich?« Madelyn Burnett-Eades, die hinter einigen anderen gesessen hatte, sprang auf. Mit fester Stimme sagte sie: »Das ist absurd!«

»Es kann nie schaden, vorsichtig zu sein«, sagte Eleanor bestimmt und bedeutete allen, sich zu beruhigen. »Trotzdem müssen wir vernünftig bleiben. So, und nun schlage ich vor, daß wir uns ein wenig für die Pressekonferenz und unsere nächste Etappe sammeln. Zuerst müssen wir uns die Karte anschauen – es gibt einige Änderungen ...«

Um 12 Uhr 50 marschierten die Derby-Pilotinnen in einer geschlossenen Reihe gemäß der Auslosung für die nächste Etappe aus ihrem Schlupfwinkel. Wie ruhig und entschlossen sie aussehen, dachte Hazel. Ihr eigenes Gesicht kam ihr vor wie eine käsige Maske, die den inneren Aufruhr kaschierte, als sie wortlos an den Reportern vorbeigingen, die sich überrascht und beeindruckt zurückhielten.

Eleanor ergriff das Mikrofon, ohne sich anmerken zu lassen, daß ihre Worte von den Radiosendern im ganzen Land live übertragen wurden, und sagte laut und deutlich: »Wir, die Pilotinnen des Ersten Nationalen Frauen-Flugderbys, nehmen unsere Plätze auf diesem Flugfeld in Douglas, Texas, ein, um den Verlust einer unserer Kameradinnen bekanntzugeben. Zwei Pilotinnen sind andernorts durch technische Probleme aufgehalten und können deswegen nicht bei uns sein. Sie tun die Arbeit einer jeden Wettkampfteilnehmerin – ein Derby mit Gründlichkeit auszutragen, indem sie tun, was in ihren Kräften steht. In jedem Derby gibt es unberechenbare Faktoren: technische Fehler, menschliches Versagen oder durch die Elemente verursachte Schwierigkeiten. Im Moment wissen wir noch nicht, welche Faktoren bei Alexis Laraways Unfall eine Rolle gespielt haben.

Aber jede von uns hier kann voll und ganz unterschreiben, daß Alexis mit Hingabe und aller Vorsicht dabeiwar, genau wie sie es von uns erwartete. Sie war wie ein warmer Wind aus Alaska, der Freundschaft und Vertrauen in unser gemeinsames Unternehmen gebracht hat. In einer Bemerkung, die sie mir gegenüber kurz vor Beginn des Derbys nebenbei fallenließ, verglich sie unseren Flug mit dem der ziehenden Wildgans, als Formation nicht sichtbar und doch einmütig. Das ist es, was wir versuchen weiterzuführen. Es ist uns ins Blut übergegangen; man könnte fast sagen, zum Instinkt geworden. Das sind wir ihr schuldig.«

Elly Beinhorn

Über dem Reich der Inka

Kaum war Elly Beinhorn (1907 geboren) von ihrem ersten abenteuerlichen Alleinflug über Afrika nach Deutschland zurückgekehrt, packte sie schon wieder das Reisefieber. Diesmal steckte sie ihre Ziele noch höher – sie wollte die Welt umfliegen und sich damit um den begehrten Hindenburgpokal bewerben, die damals höchste deutsche fliegerische Auszeichnung. Am 4. Dezember 1931 ging es los, mit ihrer einmotorigen 80-PS-Klemm im offenen Cockpit. Immer nach Südosten ging der Flug, über den Persischen Golf nach Indien, Siam, Bali und Australien. Dann per Schiff nach Panama, von wo aus sie die letzte Etappe nach Buenos Aires in Angriff nahm.

Mein Flugzeug kam unbeschädigt aus sämtlichen Kisten hervor, wie ja nicht anders zu erwarten war, nachdem ich es in Australien vor dem Verladen für viele englische Pfund versichert hatte. Die Beschreibung der vor mir liegenden Strecke war nicht so besonders lieblich, nachdem es da 2000 Kilometer lang aber auch nicht das winzigste Fetzchen Land für eine Notlandung geben sollte. Die steil ins Meer abfallenden Berge waren mit dichtem Urwald bedeckt, und dazu fielen dauernd schwere Tropenregen, in denen man nicht zehn Meter weit sehen konnte.

Mein sonst mit Erfolg angewandter Trost, daß es schon nicht so schlimm sein würde, hatte hier wenig Aussicht auf Bewährung, weil die Auskünfte von der amerikanischen Luftlinie stammten, die diese Strecke zweimal wöchentlich mit Wassermaschinen beflog.

Zwangsweise warf ich zwei Privatkoffer und mein Reisegrammophon, das mir auf dem ganzen Fluge ein Stückchen

Zuhause gewesen war, mit den in vier Erdteilen zusammengekauften Platten hinaus und ließ dafür den sechsten Tank im Passagiersitz einbauen, mit dem es mir jetzt möglich war, ungefähr elf Stunden ohne zu landen in der Luft zu bleiben.

Doch selbst damit konnte ich Guayaquil noch nicht erreichen.

Aber schließlich fanden wir die Lösung, indem ich einfach auf der halben Strecke die Küste verließ und über die Kordilleren nach Cali in Kolumbien flog, wo die »Scadta« vor einigen Jahren in tausend Meter Höhe einen Notlandeplatz angelegt hatte.

Meinen Respekt, die kleine Klemm benahm sich wieder einmal hochanständig, als sie mit der enormen Belastung ohne weiteres von dem nicht gerade erstklassigen panamesischen Flugplatz abhob. Ich hatte mich beim Start nicht angeschnallt, um für den Fall eines Mißlingens nicht mit diesem Benzindepot zu verbrennen.

Glücklicherweise war das Wetter nicht so schlimm, wie ich es nach all den Schilderungen erwartete. Da hatte ich auf den Kleinen Sundainseln während der Monsunzeit üblere Sachen erlebt. Vielleicht hatte ich auch nur einen ausnahmsweise guten Tag erwischt. Als dann die vorausgesagten schweren Regenschauer anfingen, ging ich tief auf den Wasserspiegel hinunter und versuchte, die verwischte Küstenlinie immer möglichst im Auge zu behalten.

Für eine Notlandung sah es allerdings sehr unerfreulich aus. Da gab es nichts als Urwald, und zwar den dichtesten, den ich je gesehen habe. Bei meiner geringen Flughöhe sah ich in den Bays viele von den riesengroßen Tigerhaien, die an der kolumbianischen Küste besonders häufig vorkommen. Mit der »Panagra«, der amerikanischen Luftverkehrslinie, hatte ich einen genauen Nachrichtendienst ausgearbeitet. Ich überflog alle ihre auf der Strecke liegenden Radiostationen, damit man im Falle einer Notlandung sofort eine Idee hatte, zwischen welchen Posten ich sein mußte, um keine Zeit mit nutzlosem Suchen zu verlieren. Bei Buenaventura, wo die deutsch-kolumbianische »Scadta« ihre nordwestlichste Station hatte, flog ich meinen Landsleuten einige Begrüßungsrunden, sie antworteten mit dem Aufziehen der deutschen Flagge.

Um den Start am nächsten Morgen machte ich mir Sorgen; denn hier in 1000 Meter Höhe fiel die Motorleistung schon ab. Außerdem war es damit allein nicht getan, denn unmittelbar danach mußte ich weitere 1200 Meter hinaufklettern, um wieder über die Berge an die Küste zu kommen. Die volle Benzinladung mußte ich auch mitnehmen, da ich auf der langen Strecke ohne Zwischenlandemöglichkeit mit Gegenwind zu rechnen hatte.

Aber mein braver »Argus« schaffte es. Auf dem höchsten Punkt des Passes hatte sich eine Menge Autos versammelt, die sich das Schauspiel ansahen, wie ich da noch unterhalb des Überganges herumkreiste und mich Meter für Meter von jedem kleinsten Aufwind heraufdrücken ließ. Und wie ich dann schließlich mit einem ganz kleinen Zwischenraum zwischen mir und den Bergen mit einem tiefen Atemzug gewissermaßen hinüberfiel, winkten sie alle zum Abschied.

Diese Kordillere kann einen fürchten machen. Ich durfte einfach nicht daran denken, daß mich mein Motor im Stich lassen könnte. Ich wollte nicht mehr als unbedingt nötig über diese schrecklichen Berge mit ihrem hohen, unheimlichen Urwald und noch weiter oben über ihre vereisten Schneegipfel und Abgründe fliegen. Mein kleiner Motor hatte schon so vieles verkraftet, was an die Grenzen seiner Leistungsfähigkeit ging. Ich wollte das Schicksal nicht weiter herausfordern. Schließlich hatte er seit einigen hundert Flugstunden keine Expertenhand seines eigenen Werkes mehr gesehen. Über Peru und seine früheren Herrscher hatte ich schon viel gelesen, ehe ich ahnte, daß ich eines Tages die Straßen der Inkas, auf denen eine Handvoll spanischer Eroberer unter Führung von Francisco Pizarro »den letzten Sohn der Sonne« besucht und elend verraten hatten, allein überfliegen würde.

Die Geschichte der Inkas, die wir in der Schule verhältnismäßig kurz behandelt hatten, faszinierte mich schon damals so sehr, daß ich mir in unserer Schulbibliothek ein ausführlicheres Buch über diese Epoche besorgte. Wie ganz anders die Geschichtsereignisse erscheinen, wenn man sich in der Landschaft, in der sie sich abgespielt haben, befindet – und wieviel umfassender noch ist der Eindruck, wenn man über sie hinwegfliegt.

Ich war wie immer vor Sonnenaufgang in Guayaquil gestartet. In Trujillo wollte ich zwischenlanden, um zuerst von oben, dann aber auch zu Fuß die Ruinen von Cham-Cham anzusehen, wo die Chimus von den Inkas vertrieben worden waren, bis dann wiederum die Spanier dieser absoluten Herrschaft der Indianerfürsten ein grausames Ende bereiteten.

Tausende von riesigen dunklen Pelikanen scheuchte ich bei meinem Fliegen in ganz geringer Höhe auf. Noch viel zahlreicher waren die Guanovögel. Unzählige lagen tot am Strande. Damals herrschte eine schwere Seuche unter ihnen. Manche versuchten noch mit ihren letzten Kräften, sich bei meinem Herandonnern zu erheben und wegzufliegen. Mehrmals war ich selbst in eine Wolke von umherschlagenden Flügeln gehüllt. Es war eine reine Glückssache, daß mir keiner gegen den Propeller oder gegen meine Flächen knallte. Jetzt war ich also über Peru – einem der Länder meiner Träume. In Trujillo blieb ich über Nacht. In Cham-Cham, das ich am anderen Morgen besuchte, sollen über 50000 Menschen gelebt haben.

Heute kann ein Mädchen zehnmal allein über den Ozean fliegen, was während der günstigen Jahreszeit häufig geschieht, unter anderem, um die größeren amerikanischen Sportmaschinen auf dem Luftweg an die europäischen Käufer zu überführen. Das ist billiger als der Schiffstransport. Darum kümmert sich heutzutage in Paris und London kein Mensch um solche Einzelgänger, soweit diese nicht von persönlichen Freunden erwartet werden. Sie müssen sich, wie alle anderen Maschinen, in die Warteschleifen einreihen und sich nach der Landung und Erfüllung der für einen Alleinflieger recht mühsamen Formalitäten um ein Taxi bemühen.

Damals wurde man unterwegs von der Fürsorge und Liebe der Menschen, besonders der seiner Landsleute, schier erdrückt. Ich war auf vielen Flugplätzen das erste dort landende Mädchen – und noch dazu alleinfliegend – gewesen, sehr oft sogar das erste Flugzeug überhaupt.

Nun ging es wieder hinunter in die Kälte.

Kaum acht Tage waren vorüber, daß ich in Colon am Panamakanal nachts vor Hitze und Feuchtigkeit kaum schlafen konnte, und schon wieder mußte ich die Pelzschuhe herauskramen, denn hier, südlich vom Äquator, beginnt im Juni der Winter. Immer, wenn ich an diesen Flug die Westküste Südamerikas hinunter zurückdenke, sehe ich vor mir nichts als Urwald, Wüste und kahle Felsen. Also auf nach Chile: das Land, von dem alle Zeitungen täglich die tollsten Revolutionsmeldungen brachten.

Natürlich hatten diese außergewöhnlichen Zustände in Chile auch ihren Einfluß auf meine Reisepläne. Es begann damit, daß die von Deutschland aus für mich eingeholte Einfluggenehmigung durch den inzwischen erfolgten Wechsel der Regierung nicht mehr gültig war, und wir von Lima aus das neugebildete Luftfahrtministerium ein zweites Mal fragen mußten, ob man auch unter diesen neuen Umständen meiner kleinen Sportmaschine und mir gestatten würde, das Land zu besuchen. Doch das war nur eine Formsache, die in wenigen Tagen erledigt war.

Der erste chilenische Hafen, den ich anflog, war Arica. Dort machte alles einen so friedlichen Eindruck, als wenn man in diesem Lande gar nicht wüßte, was eine Revolution überhaupt ist.

War die Gegend am nächsten Tag scheußlich! Zwischen Arica und Antofagasta fiel die Küstenkordillere 1000 Meter steil ins Meer ab. Die hier verkehrende Luftfahrt hatte eine Strecke ausgearbeitet, die von der Küste weg etwas ins Innere des Landes hineinführt. Dort sollte es auch einige Notlandemöglichkeiten geben. Mit dieser Route konnte ich aber nichts anfangen, weil die Wolkenhöhe nicht ausreichend war, um über diesen Paß hinwegzufliegen. Also blieb mir nur der Weg außen an den Felsen entlang, deren Spitzen in Nebel eingehüllt waren. An der linken Seite die steilen Felsen, über mir die geschlossene Wolkendecke und unter mir die Brandung des Stillen Ozeans. Da gab es nicht einen Meter breit, wo man sich bei einer Notlandung hätte hinsetzen können.

Ich kann nur sagen, daß ich glücklich war, als ich mich dem Flugplatz von Antofagasta näherte. Einige Male flog ich über verlassene Salpeterminen, die man stehen- und liegengelassen hatte, wie sie gerade waren, denn ein Abtransport der Maschinen oder sogar der teilweise zur Küste hingelegten Eisenbahnarme hätte sich in diesem Land mit den unendlichen Entfernungen nicht gelohnt.

Man kann über erhabene Einsamkeit denken, wie man will, auf mich machte sie hier einen deprimierenden Eindruck. Das einzig Interessante daran war, daß diese vollständig kahlen Sandfelsen, die nur höchstens einmal in der Nähe von Ansiedlungen eine riesengroße Reklameankündigung aufgekratzt bekommen hatten, immer von der Beleuchtung abhängig, vollständig die Farbe wechselten. Hier in Südamerika habe ich wirklich blaue, grüne und rote Berge gesehen, richtig blau und richtig rot! Und dazu immer im Hintergrund die schneebedeckten Anden, die mich wieder darauf aufmerksam zu machen schienen, daß noch ein entscheidender Teil meiner Luftreise vor mir lag.

Am nächsten Tag landete ich nachmittags in Ovalle, da ich wegen schlechten Wetters in Santiago nicht, wie ursprünglich geplant, die ganze Strecke von 1250 Kilometer direkt durchfliegen konnte.

Hallo, was war denn das? Am anderen Morgen kurz nach dem Start über den Bergen fängt der Motor an, sich ganz schlecht zu benehmen. Anscheinend bekam er kein Benzin, es mußte wieder einmal irgendwas vor der Düse oder im Filter sitzen. Also 180 Grad kehrt und zurück nach Ovalle. Einmal kam ich durch das dauernde Aussetzen des Motors bis auf 800 Meter hinunter zwischen die Berge und überlegte mir schon, wohin ich den Bruch – und ein solcher wäre es in dem Gelände unbedingt geworden – setzen sollte, ohne mir selbst möglichst wenig weh zu tun. Aber im letzten Moment fand ich doch noch eine Gashebelstellung, mit der ich mich wieder bis zum Flugplatz zurückmogelte. Die Ursache des Versagens, einige Wassertropfen im Brennstoff, war bald gefunden, und beim zweiten Mal kam ich glücklich nach Santiago durch, von wo mir doch tatsächlich eine deutsche Klemm, die einem dortigen Sportflieger gehörte, entgegengeflogen kam.

Klar und kalt war es an dem Morgen, den ich endgültig zum Start aus Santiago angesetzt hatte, sogar so kalt, daß der Motor überhaupt nicht anspringen wollte. Aber ich habe bei all meinen Unternehmungen immer wieder die Erfahrung gemacht, daß diejenigen, die vor dem Beginn die meisten Schwierigkeiten machen, nachher am besten ausgehen.

Mir fiel wieder meine Monate zurückliegende Tour zum Mount Everest ein, bei der mein kleines Flugzeug damals auf dieselbe Höhe hinaufkraxeln mußte. In der Luftlinie war die ganze Strecke von Santiago bis nach Mendoza nicht weiter als 250 Kilometer, folglich mußte ich sie normalerweise in gut zwei Stunden schaffen können, und was andere tagelang ausgehalten hatten, würde mich ja in dieser kurzen Zeit auch nicht erfrieren lassen. Zügig kletterte ich auf 1000 Meter hinauf, dann zeigte der Höhenmesser bald 2000 und 3000 Meter, aber darüber ging es mit dem Steigen viel langsamer. Ich saß schon zwischen den Schneebergen, unter mir in der Schlucht lagen Eisenbahnschienen der Andenbahn und die jetzt vollständig eingeschneite Autostraße. Doch es langte noch nicht zur Überquerung der höchsten Stelle, wo ich zwischen mir und dem Paß mindestens einen Zwischenraum von 1000 Meter haben mußte. Also fing ich an zu kreisen, und als nach dem Höhenmesser 4800 Meter erreicht waren, hoffte ich, es nun glatt zu schaffen.

Na, was war denn nun los? Auf einmal, während die Maschine für mein Gefühl ganz bewegungslos in der Luft hing, schien der Paß vor mir heraufzusteigen, und der Höhenmesser ging wieder auf 4200 Meter hinunter.

Im Moment fielen mir alle Geschichten von den Fallböen, die ich jemals gehört hatte, wieder ein, und mir war nicht ganz wohl zumute. Was blieb mir anderes übrig, ich flog ein Stück zurück und begann aufs neue zu kreisen, um mich diesmal noch etwas höher hinaufzuarbeiten, damit die Berge ihre unangenehme Anziehungskraft verlören. Beim zweiten Mal wieder dasselbe Theater. Wie ein Brett, ganz ruhig in der Luft liegend, fiel die Maschine beinahe 1000 Meter durch. Aber dann beim dritten Mal klappte es! Nun hatte ich die höchste Stelle wenigstens hinter mir. Probeweise atmete ich etwas aus meiner Sauerstoffflasche, aber wirklich nötig schien es in dieser Höhe noch nicht zu sein.

Meine Instrumente führten sich inzwischen wie toll auf. Der Tourenzähler zeigte eine Tourenzahl an, bei der der Motor theoretisch hätte auseinanderfliegen müssen, und dabei war die angezeigte Geschwindigkeit beinahe so gering wie beim Landen. Aber ich kam vorwärts.

Mein Thermometer zeigte minus 15 Grad Celsius, doch ich empfand die Kälte nicht als ernstlich unangenehm.

»Bockig« wurde es auch noch etwas, aber nicht besonders stark, nur war es mir merkwürdigerweise nicht möglich, die Maschine auf der gleichen Höhe zu halten, obwohl der Motor nicht im geringsten nachließ. Hier in dieser Gegend laufen vier verschiedene parallele Höhenzüge der Kordilleren. Und so mußte ich tatsächlich der nur noch 3000 Meter hohen Vorkordillere an der Eisenbahn entlang aus dem Wege gehen. So weit war ich inzwischen hinuntergerutscht.

Nur noch um die letzte Ecke herum, und da lag schon nach genau zwei Stunden Mendoza am Westrand der 1000 Kilometer breiten, argentinischen Pampa. Gerade als ich aus den letzten Bergen herauskam, begegnete mir einige 100 Meter tiefer als ich ein kleiner Doppeldecker, der mir anscheinend zur Begrüßung entgegenflog. Ich kreiste einmal über ihm, aber er schien mich nicht zu bemerken.

Die Landung in Mendoza war ähnlich der damals in Port Darwin, dem ersten australischen Hafen, nach der langen Wasserstrecke.

Wieder waren so viele nette Leute da, die sich mit mir über die gelungene schwierige Etappe freuten. Es ist tatsächlich eins der schönsten Gefühle, die ich kenne, wenn man so eine wirklich gefährliche Strecke gut hinter sich hat. Da hatten doch wieder leichtsinnige Freunde von der andern Seite der Anden den Schneid besessen, schon morgens bei meinem Start telefonisch Blumen für mich zu bestellen. Gut, daß ich es nicht gewußt hatte!

Vor meiner Landung waren, nachdem Santiago meinen Start per Funk durchgegeben hatte, zwei Maschinen gestartet, um mir zur Begrüßung entgegenzufliegen. Die eine war die Motte der Shell Company von Buenos Aires und die andere ein deutscher Junkers »Junior«, die einem argentinischen Sportflieger gehörte. Die Motte war mir am Tag vorher auf eine falsche Startmeldung hin schon einmal entgegengeflogen, und dazu erzählte mir der Pilot nach seiner Landung eine tolle Geschichte, die ich nicht ohne weiteres einem jeden geglaubt hätte. Doch ich lernte diesen Flieger in den folgenden Tagen von einer so guten Seite kennen, daß ich mich auf jedes seiner Worte verlasse. Also: er war mit seiner Motte von Mendoza gestartet, um mir ein Stück entgegenzufliegen.

Die höchste Höhe, die sein Flugzeug überhaupt erreichen konnte, war 4800 Meter. Und da sei er, als er an die Berge herankam, immer weiter gestiegen, obwohl er das Gas langsam zurücknahm. So kletterte ihm die Maschine bis auf über 6000 Meter hinauf, und für ihn wurde die Situation allmählich beängstigend, weil er weder entsprechend warm angezogen war noch Sauerstoffausrüstung bei sich hatte; so tat er schließlich das einzige, was zu machen war: Er drehte wieder um, und über der Ebene benahm sich sein Flugzeug wieder normal. Das wäre sozusagen das Pendant zu meinem unerklärlichen Hinabgleiten an derselben Stelle, nur aus der anderen Richtung kommend. Nun war alles gutgegangen, und wir saßen zusammen in Mendoza, dessen Klima mir nach den 15 Grad Kälte vorkam wie an der Riviera. Zwei abgesetzte chilenische Präsidenten waren auch da und warteten darauf, ob nicht eines Tages der politische Wind wieder so wehen würde, daß sie sich in ein Flugzeug setzen könnten, um auf dem schnellsten Wege nach der anderen Seite zu einem ehrenvollen Empfang zurückzueilen. Mir war jetzt jedenfalls die Aussicht auf einen Flug über der flachen argentinischen Steppe nach all dem schwierigen Gelände in Südamerika keineswegs unangenehm.

Mr. Abott, der Pilot der Shell-Motte, war heraufgekommen nach Mendoza, um mich nach Buenos Aires zu begleiten. Da seine Maschine langsamer war als meine und auch die 1000 Kilometer nicht ohne zu tanken durchfliegen konnte, wollte er morgen zwei Stunden früher als ich starten, um mich dann in Junin, ungefähr 200 Kilometer vor Buenos Aires, zu erwarten, damit wir zu gleicher Zeit ankämen.

Am Abend spät schickte er mir noch einen Brief aufs Zimmer mit Skizzen der Notlandeplätze und anderem Wissenswerten über die Strecke, der mit den Worten endete: »... und ich hoffe, daß Sie nach all dem strapaziösen Gelände, das Sie hinter sich haben, mit Vergnügen in höchstens zehn Meter Höhe über unsere flache, gutmütige Steppe dahingondeln werden.«

Aber daraus wurde nichts, denn diese Steppe war gar nicht gutmütig zu mir. Von Westen her wehte ein recht frischer, für die Jahreszeit auffallend warmer Wind, und ich freute mich, das Märchen vom Rückenwind einmal selbst zu erleben. Kurz nach dem Start nahm der Wind derartig zu, daß ich mit einer Geschwindigkeit von über 200 Kilometer in der Stunde die Pampa unter meinen Flächen durchziehen sah.

Das wäre sehr angenehm gewesen, aber leider wirbelte

dieser Sturm auch den ganzen losen Sand auf und, was viel schlimmer war, die Aschenschicht, die sich beim letzten Vulkanausbruch wie eine graue Decke über das ganze Gebiet gelegt hatte, so daß ich nach kurzer Zeit von dem Gelände unter mir kaum noch Umrisse erkennen konnte.

Und böig war es dabei, daß mir einfach die Puste wegblieb. Genauso ging es meinem Motor, der sich durch das Hinauf- und Heruntergeworfenwerden fortwährend verschluckte und kein Benzin bekam. Mit starken Bedenken sah ich die Enden meiner langen Tragflächen bei jedem Windstoß heftiger beben und konnte mir recht gut vorstellen, daß sie sich schließlich einmal weigern würden, diese übergroße Beanspruchung auszuhalten. Außerdem hatte ich mit Rücksicht auf das beabsichtigte niedrige Fliegen meinen Fallschirm nicht angeschnallt.

Immer noch hoffte ich, durch dieses Sturmgebiet mit seinen aufgewirbelten Staub- und Aschenmassen, von dem in der Wettermeldung nicht das geringste erwähnt war, hindurchzukommen. Da, auf einmal packte mich eine Bö, daß ich glaubte, meine Anschnallgurte würden reißen. Die hielten zwar aus, aber dafür flogen mir meine Karte und die auf meinem Sitz neben mir liegende Ersatzbrille weg. Trotzdem flog ich immer noch weiter, bis mich ein starkes Vibrieren des Seitensteuerhebels, den ich mit meinen Füßen bediente, veranlaßte, mich umzudrehen, wo sich mir ein recht unerfreulicher Anblick bot. Die Brille war bei ihrem eigenmächtigen Flug im Seitensteuer gelandet und hatte sich mit dem Gummiband über das Lager geklemmt, wo sie jetzt im Winde fröhlich hin und her schlug. Jetzt gab es nur noch eins, und das war, unmittelbar umzukehren und zu versuchen, den Flughafen von Mendoza wieder zu erreichen. Nun hatte ich den ganzen Sturm gegen mich und brauchte zur Rückkehr für die Gott sei Dank nicht sehr lange Strecke beinahe die dreifache Zeit. Als ich mich schließlich bis an die Berge im Tempo eines uralten Automobils herangequält hatte, war es noch ein kleines Problem, den Flugplatz überhaupt wiederzufinden, denn auch hier hatten sich inzwischen die Sandmassen in Bewegung gesetzt.

Der Schaden war nicht so schlimm, die Brille hatte nur die Bespannung des Seitensteuers zerschlagen; das konnte leicht an Ort und Stelle repariert werden. Meine größte Sorge war, ob Mr. Abott gut einen Hafen erreicht hatte. Während des ganzen Tages telegrafierte ich die Strecke ab, bis ich schließlich herausfand, daß er durch seinen Start vor Sonnenaufgang noch durch diese schlechte Zone gekommen war, ehe der Sturm richtig einsetzte.

Am nächsten Morgen hatte der Wind um 180 Grad gedreht und blies mir jetzt, wenn auch nicht ganz so scharf, direkt entgegen. Aber immerhin machte es pro Stunde noch 50 Kilometer aus, so daß ich nicht auf einen Durchschnitt von über 100 Kilometer kam. Es trieben immer noch etwas Sand und Asche in der Luft herum, doch es war nicht zu vergleichen mit dem vorhergehenden Tage.

Telegrafisch hatten wir vereinbart, uns in Junin, wo ein offenes Feld gelegentlich von den Verkehrsmaschinen zur Notlandung benutzt wurde, zu treffen, und er würde sich dann, während ich einige Runden über den Platz flog, mir anschließen.

Über sieben Stunden hing ich schon in der Luft, als plötzlich der Öldruck so erheblich zuückging, daß irgend etwas nicht in Ordnung sein mußte. Ich kam noch gerade bis Junin, ehe er ganz auf Null herunterging. Glücklicherweise hatte Abott, schon startklar, auf mich gewartet; und wie ich gerade unter den vielen freien Feldern herumsuchte, um das richtige herauszufinden, damit ich gleich etwas Unterstützung und ein Auto hätte, kam er schon angeflogen, und ich deutete ihm an, daß ich landen müßte.

Er verstand sofort und landete vor mir auf der Wiese, neben der ich jetzt auch den Tankwagen stehen sah. Lieber Gott, meine Maschine sah wie eine Ölsardine aus, und im Tank stand diese wichtige Schmiermasse gerade noch einen Zentimeter hoch. Noch 20 Kilometer weiter, und der Motor hätte endgültig festgesessen. Eine böse Geschichte, das! Die Ursache war eine brüchig gewordene Zylinderkopfdichtung, durch die das ganze Öl sich hinausgedrückt hatte. Mit Reparaturmöglichkeiten sah es hier sehr schlecht aus; aber im Moment hatten wir näherliegende Sorgen.

Von allen Seiten schoben sich dicke Regenböen heran, und die Einheimischen behaupteten, daß es sich jetzt voraussichtlich solide einregnen würde. Der Sturm in der vergangenen Nacht hatte große Bäume entwurzelt und Häuser abgedeckt: Das waren alles zusammen reizende Aussichten, denn weit und breit war nichts, das der Maschine etwas Windschutz hätte geben können. Inzwischen begann es zu regnen und zu hageln, daß bald keiner von uns mehr einen trockenen Faden am Leib hatte. Es blieb uns nichts weiter übrig, als unsere Maschinen hinter einem großen Heuhaufen zu verankern und alles Weitere auf den nächsten Morgen zu verschieben. Argentinische Landstraßen bei Regen zu der damaligen Zeit kann sich nur der vorstellen, der sie selbst erlebt hat. In halbmetertiefem Dreck quälten wir uns mühsam vorwärts, durch Wasserpfützen mußten wir hindurch, daß ich uns im Geiste schon alle elend darin untergehen sah.

Für mich bestand kein Zweifel, daß ich mich, ohne hier zu reparieren, nach Buenos Aires durchschlagen würde. Die Maschinen waren über Nacht glücklicherweise heil geblieben, und an die Arbeit ging ich mit dicken Pelzhandschuhen, weil es grausam kalt geworden war. Erst mußte ich einmal das bißchen verbrannte Öl, welches noch in den Leitungen geblieben war, herausbekommen; das neue Öl wurde in einer nahe gelegenen Estanzia gewärmt und wie ein Baby in dicke Tücher gehüllt mit dem Auto herangefahren – dreimal hintereinander. Ich packte mir noch eine Reihe von Ersatzkannen ein, um im schlimmsten Fall zwischenzulanden und noch einmal nachzufüllen.

Kurz vor Buenos Aires kamen uns viele Maschinen entgegen, die mich begrüßen wollten. Sogar die Militärflieger hatten eine Staffel von Jagdmaschinen geschickt. Es war mal wieder ein richtig großer »Bahnhof« mit viel Menschen und allem Drum und Dran. Eine argentinische Sportfliegerin verpaßte mir vor all den Pressefotografen den internationalen Freundschaftskuß auf die Wange, ich hörte von verschiedenen goldenen Medaillen munkeln, die mir verliehen werden sollten. Meine Maschine kam hinüber zu den Militärfliegern, die in kameradschaftlichster Weise alle Hilfe angeboten hatten; und für die Reparatur wurde mir sofort ein Stab der besten Mechaniker zur Verfügung gestellt.

Am 1. Juli ging mein Dampfer von Buenos Aires ab, dem ich noch bis nach Rio de Janeiro vorausfliegen wollte, um dort zu verladen. Täglich bekam ich Telefonanrufe und Telegramme aus Deutschland, daß ich unbedingt mit der »Cap Norte« zurückkommen müsse, und man riet mir von allen Seiten, nicht jetzt noch zum Schluß mir durch nicht sinnvollen Schneid den ganzen schönen Flug zu verderben.

Morgens am 1. Juli, als nachmittags um vier Uhr mein Schiff abfahren sollte, saß ich wieder um sechs Uhr auf dem Flugplatz, aber die Wolken hingen bis auf unter 50 Meter herunter. Alle redeten mir zu, doch um Gottes willen die Maschine zu verladen und mir nicht auf der letzten Etappe im Nebel noch das Genick zu brechen. Immer noch in der Hoffnung, daß sich das Wetter bessern würde, wartete ich bis mittags um zwölf Uhr. Aber nichts geschah, und die Meldungen von der gesamten Strecke waren so schlecht, daß es aussichtslos erschien, mein Schiff bis Rio wieder zu erreichen. Nun stelle man sich bitte folgendes vor: mein Flugzeug stand fertig beladen und bis an den Hals vollgetankt in El Palomar, dem Militärflugplatz, über 20 Kilometer vom Hafen entfernt, und durch die Bauart der Straßen, die bei jeder Kreuzung zwei tiefe Rinnen zum Abfluß des Regenwassers haben, war es unmöglich, die Maschine in der zur Verfügung stehenden Zeit mit dem Rumpfende auf ein Auto zu laden und hineinzufahren.

Man hatte allerdings in unmittelbarer Nähe des Hafens, während der Revolution, einen kleinen Flugplatz angelegt, um die per Schiff ankommenden Maschinen wegen dieser Schwierigkeiten mit den ungeeigneten Straßen auf dem Luftweg direkt zum Flugplatz zu bringen. Ich sah ihn mir an und stellte fest, daß er zu einer Landung ausreichen würde.

Aber – wie zu diesem Platz gelangen, in dessen unmittelbarer Nähe sich Hochhäuser befanden, deren oberste Stockwerke schon in den Wolken hingen? Noch dazu war in der kurzen Zeit nicht eine größere Karte von der Stadt aufzutreiben, nach der ich außen herum auf dem La Plata hätte zum Hafen fliegen können. Da erwies sich wieder der gute Abott, der mir schon in Junin auf das tatkräftigste geholfen hatte, als ein echter Fliegerkamerad. Er, der hier jeden Baum und Strauch kannte, erklärte sich bereit, mir voranzufliegen, und ich mußte nur versuchen, ihn trotz meiner schnelleren Maschine nicht zu überholen.

Zwei Uhr mittags war es bereits, als in El Palomar mein Motor ansprang. Das Benzin hatten wir bis auf einen kleinen Rest herausgelassen, um für den Fall eines außerprogrammmäßigen Ereignisses die Brandgefahr zu vermindern. Wir starteten zu gleicher Zeit, und Abott flog in zehn Meter Höhe vor mir einen kleinen Bach entlang, der, wie er wußte, in den La Plata mündete. Diese Viertelstunde, bis wir den großen Strom erreichten, habe ich noch immer als recht gefährlich in Erinnerung. Ein paarmal verschwand die Motte kurz vor mir im Dunst, und das Gefühl war nicht sehr reizvoll, vielleicht schon im nächsten Moment, während ich genug mit dem Umfliegen von Bäumen und Häusern zu tun hatte, mit ihr zusammenzuprallen. Dabei goß es in Strömen, und die Regentropfen piekten mir wie scharfe Nadeln ins Gesicht.

Über dem La Plata flogen wir in einigen Metern Höhe, und bei einem Versagen des Motors hätte es nichts als »ins Wasser«, möglichst nahe am Ufer, gegeben. Doch mein Vertrauen zu der Reparaturarbeit der argentinischen Militärfliegerei erwies sich als berechtigt, und nach einer guten halben Stunde landeten wir zwischen Schornsteinen und

Häusern hindurch im Herzen von Buenos Aires, 500 Meter von meinem Schiff entfernt.

Da wartete schon ein Stab von Mechanikern, und ehe das von allen Seiten herbeiströmende Publikum begriffen hatte, was los war, hatten sie die Flächen bereits abmontiert, die Tanks entleert und die einzelnen Teile ans Schiff gefahren, wo die Maschine Punkt vier Uhr klar zum Übernehmen bereitstand.

Durch meine Schuld gingen wir so mit einer dreiviertelstündigen Verspätung aus dem Hafen.

Meine Traurigkeit nahm mit jeder Stunde ab, weil das Wetter nicht daran dachte, besser zu werden, und die nächtliche Musik des Nebelhorns – soweit ich sie überhaupt hörte – klang mir wie eine Tanzkapelle.

Für die ersten Tage erschien es mir doch sehr schwer, mich an das ruhige Schiffsleben zu gewöhnen, und mit Freude nahm ich die Einladung des deutschen Condor-Syndikates an, mit einer ihrer Maschinen von Rio de Janeiro nach Bahia hinaufzufliegen, von wo dann endgültig die »Cap Norte« mit meiner Maschine, einem süßen, kleinen brasilianischen Wollaffen und mir Kurs auf Europa nahm.

Nach drei Wochen Ozeanfahrt kamen wir in Bremerhaven an, wohin mit meinen vor Freuden strahlenden Eltern auch viele gute Freunde zu meiner Begrüßung gekommen waren. Schon am nächsten Morgen hatte ich meine Maschine wieder zusammenmontiert und flog zum Empfang nach Hannover, wo der kleine Affe wegen des ganzen Trubels um mich herum vorläufig zurückbleiben mußte. Als ich dann am selben Nachmittag in Berlin landete, kam mir erst richtig zum Bewußtsein, daß ich nun wirklich um die ganze Welt herumgekommen war, denn im Dezember 1931 war ich von Berlin gestartet, und mehr oder weniger immer in südöstlicher Richtung weiterfliegend, landete ich am 26. Juli 1932 wieder auf meinem Abflughafen.

Anne Morrow Lindbergh

Sonne und Sterne sind mein

Anne Morrow Lindbergh (1906 geboren) war nicht nur die Frau des berühmten Piloten und ersten Transatlantikfliegers Charles Lindbergh, sondern bei vielen Flügen auch seine Co-Pilotin und Funkerin. Ende 1933 begleitete sie ihn auf einem Nonstopflug über den Atlantik von Afrika nach Südamerika zur Erkundung einer künftigen Flugroute für den Linienverkehr. Nachdem ihr Flugboot zunächst lange von stürmischen Winden und dann von einer totalen Flaute vor der afrikanischen Küste festgehalten wurde, ging es endlich los.

»*CRKK CRKK* (Porto Praia) *DE KHCAL* (das Rufzeichen unseres Flugzeugs).« Es war 2 Uhr 15. Ich hatte gerade noch Zeit, vor meiner regelmäßigen stündlichen und halbstündlichen Verbindung mit den Pan-American-Stationen an der südamerikanischen Küste Porto Praia anzurufen. Das schwere, langgezogene Summen meiner eigenen Sendung tönte mir in den Ohren. Dann Stille. Ich lauschte, drehte in der Dunkelheit an den glänzenden Skalen herum. Keine Antwort. Nur ein Krachen im Kopfhörer. Ich versuchte es noch einmal. Keine Antwort. Vielleicht würde der Mann auf der Insel ohne Zeit den Funkspruch nie erhalten. Wie spät war es übrigens? 2 Uhr 15 Greenwich; 1 Uhr 15 hier. Es war ja allerdings mitten in der Nacht. Warum sollte er uns empfangen? Er schlief gewiß; die Funkstation oben auf dem Hügel war sicher nicht besetzt.

Ich rollte den Antennendraht auf. Ich wechselte die Spulen. Ich stellte auf eine andere Wellenlänge um. Ich versuchte, die Pan-American-Stationen an der Küste zu bekommen; nicht weil ich jetzt schon eine Antwort erwartete, sondern weil wir stündliches und halbstündliches Senden vereinbart hatten. Es war jetzt halb drei.

»PVC PVC (Ceara) DE KHCAL.« Keine Antwort, nur das atmosphärische Krachen, das aus der Außenwelt hereindrang. Denn die Kopfhörer umzuhängen und zu versuchen, den Funkverkehr abzuhören, bedeutet, ein Fenster zu einer anderen Welt, ein Guckloch nach außen, das heißt eigentlich ein »Hörloch«, zu öffnen. Heute nacht war diese andere Welt sehr verschieden von jener, in der ich mich befand. Hier war alles still, behaglich und wohlgeordnet. Mein Mann saß ruhig am Steuer; ich lehnte bequem in meinem Sitz. Die Kabine war in Mondlicht gebadet; die Nacht war klar; das Flugzeug zog in ruhigem Gleichmaß durch einen wolkenlosen Himmel dahin. Dort draußen jedoch, in jenem anderen Kosmos, stürzten – so schien es mir, als ich lauschend dasaß – Welten zusammen; Planeten brachen auseinander. Ich hörte das Stoßen und Krachen, das Tosen und Bersten, den Schrecken und den Tumult in der Nacht.

Eine schrecklich aufgeladene Atmosphäre, dachte ich, was hat das nur zu bedeuten ... Sturm? und ich notierte auf meinen Block: »NIL HRD (nichts gehört), QRN (atmosphärische Störungen).« Nein, durch dieses Gekrache konnte ich nichts hören, aber immerhin würde es nichts schaden, die Zeit unseres Abflugs »blind« hinauszufunken. Vielleicht würde jemand die Meldung auffangen, wenn es auch recht unwahrscheinlich war. Es war ungefähr dasselbe, als würde man eine Nachricht in eine verkorkte Flasche stecken und sie in einem Unwetter ins Meer werfen.

»PVCPVCDEKHCAL Starteten Bathurst 02.00 GMT.«

Keine Antwort im Kopfhörer, nur der Zusammenprall dieser in unendlicher Ferne gegeneinander krachenden, irgendwo durch den Raum polternden Gestirne. Denn es ist, als könne man im Funkgerät Entfernung und Raum hören. Geräusche teilen die Stille auf wie die Sterne das Dunkel und geben einem ein Gefühl von Raum.

Nun aber begann ich außer dem kosmischen Krachen etwas anderes zu hören, ein dünnes Piepen mitten in dem Tumult, klare Signale in der unsauberen, rauhen Fläche des Lärms. So dünn und schwach waren sie wie das Pochen eines Zweiges gegen eine Fensterscheibe mitten im Sturm, nicht deutlicher als die Spur eines Krebses im Sand, die eine Woge halb verwischt hat, oder der Abdruck eines dürren Blattes in frisch gefallenem Schnee. Und doch waren sie lebendig, diese Laute, und doch mußten sie von Menschen herrühren; Morsezeichen waren es, eine Botschaft in Punkten und Strichen.

Ich setzte meinen Bleistift auf das Papier und ließ ihn einzelne Buchstaben aufzeichnen, die ich zwischen krachenden Schlägen zu vernehmen glaubte: »O–T–C–FN–R–K–L.« Dann hörte ich durch das Geräuschgewirr nicht mehr einzelne Buchstaben, sondern ein zusammenhängendes Wort, KHCAL, das Rufzeichen für unser Flugzeug. Über Ozean und Finsternis hinweg hörte ich meinen Namen! Das war noch erregender, als wenn man in einem Saal voll fremder Menschen plötzlich seinen Spitznamen oder in einer ausländischen Stadt seine Muttersprache hörte. Jemand rief uns von jenseits des Ozeans an. Jemand hatte uns gehört, uns, die wir in einem kleinen schwankenden Kasten Tausende von Kilometern entfernt durch die dunkle Nacht flogen. Wer mochte es sein?

Ich hatte das Gefühl, als geleite uns jemand auf unserer Fahrt. Ein Weg mitten durch das Dunkel hatte sich vor uns geöffnet. Dort war unser Ziel. Bisher hatten wir dieses Ziel nicht gesehen, nicht gehört, es war rein theoretisch gewesen, ein Punkt auf dem Kompaß, ein Tüpfelchen auf der Karte, das meinem Mann etwas bedeutete, mir aber nicht annähernd so wirklich und greifbar erschien wie das schwache, tröstliche Blinklicht eines fernen Leuchtturms.

Während der drei nächsten Nachtstunden saß ich über meine leuchtenden Skalen gebeugt. Ein einziges Mal nur schaute ich hinaus, ein kurzer Blick zurück, und ich erkannte, daß wir schon mitten über dem Ozean waren, denn aus dem weiten Dunkel tief unter uns blinkten die Lichter eines Schiffes zu uns herauf. Wie lange wird es dauern, bis ich ein zweites Schiff sehe, dachte ich, dann wandte ich mich rasch wieder meiner Arbeit zu. Die Hand auf den

Knöpfen, den Kopfhörer eng an die Ohren gepreßt, saß ich da, angestrengt bemüht, durch das Krachen in der Atmosphäre hindurchzuhören. Es war zum Verrücktwerden. Man konnte fast etwas hören … fast … dann ein Krachen, und alles war wieder weg. Es war, als versuche man im Dunkeln etwas zu finden, indem man Zündhölzchen anzündete, die flackernd erloschen, gerade wenn man die Hand nach dem Gegenstand ausstreckte. Oder als ob man eine Muschel von einem glänzenden, glatten Sandstreifen aufheben wollte, über den soeben eine Welle geflutet war; ehe man sie erreichen konnte, rollte schon eine neue Welle darüber hin.

Ich kurbelte die Antenne auf und ab; ich wechselte die Spulen; ich morste unseren Standort, zweimal, dreimal, immer aufs neue, damit der Mann jenseits des Ozeans, der sich ebenso anstrengte wie ich, meine Nachricht endlich empfing.

Ich wagte nicht aufzublicken. In dieser halben Sekunde hätte mir ein Flüsterlaut in der Luft entgehen können. Aber beim eindringenden Mondlicht erkannte ich, daß das Wetter gut war. Bei diesem Licht konnte ich schreiben und meine Meldungen funken. Die Lampe mußte ich nur andrehen, um Funksprüche zu empfangen, denn dann hatte ich die Hieroglyphen, die mein Bleistift automatisch hinkritzelte, erst einmal zu entziffern. Was konnte ich diesen über das Papier gestreuten Zeichen entnehmen? Anfangs gar nichts, ein paar zusammenhanglose Worte der Wetterberichte, die man mir durchzugeben versuchte: »*Mond–Wind–Nordost.*« Allmählich jedoch verstand ich mehr. Nach vielen Wiederholungen hatte ich einen brauchbaren Wetterbericht aus Rio (PVB, Bahia hatte mich an Rio »weitergegeben«). Jetzt ging es besser. Ich atmete ein wenig auf, streckte mich und sah auf die Uhr. Beinahe fünf … drei Stunden seit dem Start … wir waren 480 Kilometer weit über dem Ozean … war das möglich! Mir war, als hätte ich mich gerade erst von dem Start erholt, gerade erst begriffen, daß wir hochgekommen und auf dem Weg nach Südamerika waren. Während dieser winzigen Ruhepause merkte ich auch, daß ich jetzt sehr müde war. Ich klopfte mit geschlossenen Augen auf die Taste.

Das Senden war eine Erholung. Jetzt bereits schläfrig, und der morgige Tag lag noch vor mir! Aber dann war eben *Tag*. Nachts war es am schwersten. Wenn es erst hell ist, geht es ganz leicht, sagte ich mir immer und immer wieder vor.

Wir trafen auf Wolken. Ich wußte es, ohne aufzublicken, denn das Flugzeug rumpelte von Zeit zu Zeit, zuerst senkte sich die eine Tragfläche, dann die andere. Und der Mond versteckte sich kurz, dann länger. Ich konnte nicht mehr genug sehen, um meine Nachrichten niederzuschreiben. Ein unbestimmtes Angstgefühl durchzuckte mich – die alte Angst vor schlechtem Wetter –, und ich sah hinaus. Wir flogen unter Wolken dahin. Wohl sah ich noch eine Art Horizont, eine Veränderung in der Färbung, dort, wo Wasser und Wolken ineinander übergingen; das war aber auch alles. Und mir schien, als werde es immer dunkler. Gewitter? Waren das Wolken dort drüben, oder war es der Himmel? Wir sahen das Meer nicht mehr. Wir flogen blind. Rasch drehte ich das Licht aus, um meinem Mann das Sehen etwas zu erleichtern; dann saß ich wartend, mit angespannten Nerven da und starrte in die Nacht hinaus. Jetzt waren wir wieder durch die Wolken hindurch. Es gab Löcher, durch die man das dunkle Wasser, andere, durch die man den dunklen Himmel sehen konnte. Solange es noch Löcher gibt, ist es nicht so schlimm, fand ich.

Wieder flogen wir blind. Diese Dinge vergessen die Leute. Deshalb ist es kein Kinderspiel, bei Nacht, ohne Sicht einen Ozean zu überfliegen. Aber der Tag würde ja kommen. Bald mußte es hell werden. Ich versuchte es mir auszurechnen ... von der Greenwichzeit eine Stunde abziehen. Wann ging die Sonne auf? In einer Stunde? Noch eine Stunde durchhalten!

Wir kletterten durch Wolken. Das Zischen in der Atmosphäre zerriß mir die Ohren. Ich sah nicht genug, um zu schreiben, und hatte meine Finger nicht richtig in der Gewalt, um ruhig zu senden. Aber ich mußte die Verbindung aufrechterhalten. »QRX – QRX (Bitte zu warten)«, funkte

ich. »*Fliegen durch Wolken – MIN PSE* (eine Minute bitte).«
Jetzt sahen wir wieder Sterne. Meine Hand hörte auf zu zittern. »*QRX – alles in Ordnung*«, tippte ich, ohne hinzusehen.
Wieder Wolken vor uns; wieder flogen wir blind; wieder stiegen wir höher. Ich zitterte. Es war kalt, das war der Grund; wir waren höher. Man muß dafür sorgen, daß einem nicht kalt wird, wenn man Angst hat, hielt ich mir vor, sonst wird's noch schlimmer.

Ich zog eine zweite Bluse über und versuchte aufs neue zu arbeiten. Aber ich konnte in der völligen Dunkelheit meine Nachrichten nicht lesen und wagte nicht, die Lampe anzudrehen. Das hätte meinem Mann das Steuern erschweren können. »*QRX – QRX – alles in Ordnung.*«

Ein Stück Papier flog mir gegen die Beine. Charles hatte mir den Text einer zu sendenden Nachricht reichen wollen. Ich machte Licht.

»$8/10$ bedeckt«, las ich. »Zeitweise Böen ... Sicht ungefähr fünf Kilometer ... Tagesanbruch.«

Tagesanbruch! Welch ein Wunder. Ich bemerkte noch kein Anzeichen des neuen Tages, und doch mußte es bereits heller sein. Die Wolken hoben sich immer deutlicher vom Meer ab.

Tagesanbruch ... Gott sei Dank! Es war, als hätten wir in ewiger Nacht gelebt ... als sei dies die erste Sonne, die jemals aus dem Meer gestiegen war.

»*Posn 7.00 GMT* (Schon 5 Stunden unterwegs.)
  07° 25′ N
  22° 30′ W
  Kurs 224° genau
  $9/10$ bedeckt auf 300 m Häufige Böen
  Sicht unbegrenzt wenn nicht böig Meer ruhig
  Windstärke null.«
Bei dem Wort »unbegrenzt« blickte ich auf. Herrliches Wort! Wie ein Fenster öffnet es sich in den geraden Wänden einer Wettermeldung. Wie oft hatte ich, wenn ich unter grauverhängtem Himmel auf einem nassen Flugfeld gestanden

und die Wetterberichte aus dem Westen abgehört hatte, auf dieses Wort gewartet. »Newark – Newark – bedeckt – lokale Gewitter«, hatte die Stimme im Radio einförmig gemeldet. »Sunbury – Sunbury – Sicht drei Kilometer –« (Drüben in den Bergen.) »Bellefonte – Bewölkung nachlassend – Wolkendecke schätzungsweise auf 900 Meter.« (Klingt schon besser!) »Cleveland – Cleveland – Klarer Himmel und Sicht unbegrenzt –« (Fein ... wir konnten starten!)

»Unbegrenzt«, mein Puls schlug schneller, als ich dieses Wort hörte. Es drückt viel mehr aus als tadellose Flugverhältnisse. Es weckt Erinnerungen an weite, sanfte, wolkenlose Himmel, an den Morgen eines endlosen Sommertages, an spiegelglattes, sich seidig bis zum Horizont spannendes Meer.

Es war nicht etwa so, daß der Anblick, der sich mir jetzt von meinem Sitz aus bot, mit diesen Bildern übereingestimmt hätte, aber immerhin hatte sich das Wetter entschieden gebessert. Oder vielleicht war es nur die aufkommende Tageshelle, die diesen Eindruck in mir hervorrief. Ich konnte nun die Wolken sehen, durch die wir gerade geflogen waren, schwarze, geballte Gewitterwolken, unter denen wir jetzt, heftig hin- und hergestoßen, dahinrasten. Sie waren ringsum, gleich einem dunklen Vorhang hingen sie schwer über uns. Darunter jedoch war die Sicht klar, und weiter weg sah es heller aus. Ja, es stimmte – »Sicht unbegrenzt« – nun würde alles leicht gehen.

Auch der Funkempfang war jetzt besser. Ich hörte gut genug, um nach dreifacher Sendung und vielen Wiederholungen eine Nachricht von Rio über die Landungsvorkehrungen in Natal zu empfangen. Es schien absurd, jetzt, wo uns noch mehr als ein halber Ozean von unserem Ziel trennte, ans Landen zu denken. Und doch hatte ich die Nachricht auf meinem Block.

»Rio Janeiro 6. Dezember Lindberghs KHCAL PAA Empfangsbarkasse in Natal (Würden wir wirklich jemals hinkommen?) *Befindet sich auf Fluß Südwestende Stadt stop Zwischen Stadt und großem Luftposthangar stop* (Als ob

es uns irgendwelche Schwierigkeiten machen würde, die Barkasse zu finden, wenn wir erst einmal dort wären.) *Vorsicht hohe Funkmasten beim Luftposthangar stop* (Vorsicht! Funkmasten im hellen Tageslicht ... Vorsicht nach einem solchen nächtlichen Start ...!) *Einige Ersatzteile auf Barkasse vorrätig.«*

»Einige Ersatzteile vorrätig.« Die Leute dort drüben erwarteten uns also anscheinend *wirklich*. Der Hinweis auf eine solche Kleinigkeit ließ das Ziel förmlich näher rücken. Natal wurde Realität für mich; ich sah es geradezu schon vor mir liegen. Mit einem Male fühlte ich mich leicht und froh. Ich aß ein belegtes Brot. Ich begann, meinem Mann vergnügte Briefchen hinüberzureichen. Bis jetzt war für so etwas noch keine Zeit gewesen.

»Ich kann noch immer nicht glauben, daß wir wirklich hochgekommen sind«, schrieb ich ganz aufgeregt. »Was hatte das Gefauche des Motors zu bedeuten?«

»Unzureichende Benzinzufuhr«, kritzelte er zurück.

»Hatte geglaubt, Motordefekt beim Starten! Werden wir aus den Gewitterwolken herauskommen?« lautete meine nächste Frage.

»Nach und nach«, war die lakonische Antwort.

»Du bist doch ein großartiger Kerl«, schrieb ich ihm in plötzlicher Begeisterung.

Die einzige Antwort darauf war ein dicker Bleistiftpunkt. In der Sprache meines Mannes bedeutete das offenbar: »Hör auf mit dem Unsinn.«

Es war einfach alles wunderbar, der Start, der Tag und das Wetter. Nicht einmal die Gewitterwolken störten mich. Es machte mir geradezu Spaß, ordentlich gerüttelt zu werden, wenn wir unter den Wolken dahinflogen. Es wurde immer heller; ich gab meine Meldungen jetzt regelmäßig durch.

Plötzlich, mitten in einer normalen Verbindung mit Rio, hörte ich im Empfänger ein lautes Zeichen; es klang, als ob jemand mit schweren Schritten durch die Luft stapfte. Wer klopfte da an meine Tür?

»*KHCAL DE WCC.*«

WCC ... ich konnte es gar nicht glauben! WCC war viele tausend Kilometer entfernt. WCC war die große Funkstation in Massachusetts. Ich sah nach ... ja, es stimmte. Chatham, Massachusetts, rief uns.

»*Antwortet* (auf) *36 oder 54* (Meter)«, kam es klar durch. Konnte das tatsächlich Chatham in den Vereinigten Staaten sein ... so laut! Das war unglaublich, geradezu unwirklich. Aber diese ganze Nacht war ja unwirklich; so antwortete ich denn aufs Geratewohl auf der Wellenlänge, die ich gerade benutzte – 57 Meter –, ohne mir die Mühe zu nehmen, auf die kürzere Welle umzustellen.

Die Station antwortete sofort; klar und kräftig, jedes Wort vollständig vernehmbar, kamen die Zeichen durch. Die dreifache Wiederholung war gar nicht notwendig, aber ich wollte nicht unterbrechen. Chatham, Massachusetts, fast 6500 Kilometer entfernt ... wie aufregend!

Langsam tröpfelte die Nachricht auf das Blatt meines Schreibblocks: »*Würden Sie beantworten beantworten beantworten einige einige einige Fragen Fragen Fragen erstes Funkinterview von von von Flugzeug.*«

Also auch hier, mitten über dem Ozean, Reporter, Zeitungen ... welche Enttäuschung! Meine aufregende Verbindung mit Chatham war ein ganz gewöhnliches Interview. Es war wie ein Traum, in dem langsam, langsam eine Türklinke niedergedrückt wird, und dann steht nur jemand mit einem dumm grinsenden Gesicht dahinter. Diese Nacht erschien mir jetzt noch viel unwirklicher als bisher.

»*Bedaure*«, klopfte ich zurück, »*zu beschäftigt müssen Wetterbericht von PVJ bekommen.*«

Hatte ich PVJ in der Aufregung verloren? Immer und immer wieder rief ich diese Station, immer und immer wieder rollte ich die Antenne auf und ab und wechselte Spulen. Endlich hörte ich sie ganz schwach auf 36 Meter und funkte rasch unseren Standort.

Ja, er hatte mich gehört. Jetzt gab er das Wetter aus Natal durch.

»*WEA* (Wetter) *Natal* –«, begann es. Der Rest der Meldung aber kam immer schwächer, verlor sich dann ganz. Ich preßte den Kopfhörer fester an meine Ohren; ich beugte mich über die Skalen, aber ich hörte nichts mehr. Das Blindekuh-Spiel begann aufs neue.

Zehn Uhr ... Acht Stunden waren geschafft, acht mußten noch bewältigt werden, die halbe Strecke. Hinter uns stand die Sonne jetzt schon hoch am Himmel. Der Tag war schön. Nur ein paar Wolken zogen in gleicher Höhe mit uns. Der Himmel hoch über uns war bedeckt, aber an vielen Stellen schimmerte es blau durch die graue Decke. Das Meer tief unten lag leicht gekräuselt und, so weit das Auge reichte, still und friedlich da. »Unbegrenzt« stimmte noch immer.

Aber ich war sehr müde, dabei hatten wir noch einen ganzen Tag vor uns, eine unerträgliche Last. Ich sendete jetzt stets mit geschlossenen Augen. Wenn ich sie, weil ich schreiben mußte, wieder öffnete, war mir, als müsse ich mich von der Müdigkeit des Tages und der Nacht zugleich befreien. Die Zeit – Stunden, Minuten, Sekunden – lastete als immer schwerer werdendes Gewicht auf meinen Lidern. Schlaf sank auf mich nieder gleich fallenden Federn. Eine einzige Feder noch, und ich würde untergehen, ertrinken in einem wohligen Meer.

Nein, du darfst nicht einschlafen, ermahnte ich mich. Wenn nun der Pilot in seiner Kanzel einnicken würde? Du mußt wach bleiben ... die Verbindung aufrechterhalten.

Aber aus dem Empfänger war nichts zu hören, was mich wachgehalten hätte. Alle Geräusche waren nach und nach verstummt. Auch die Außenwelt schien in Schlaf versunken zu sein. Selbst die atmosphärischen Nebengeräusche hatten aufgehört. Jetzt wäre ich froh gewesen, sie zu hören. Alles wäre besser als diese tödliche Stille, wie in Watte gehüllte Leere, in der ich das einzige lebende Wesen war.

Ich wechselte die Spulen. Ich rollte die Antenne auf und wieder ab. Ich funkte unsere Standorte »blind« in die Welt hinaus, in der Hoffnung, daß eine der Pan-American-Stationen auf der anderen Seite mich hören würde, auch wenn ich sie nicht hörte. (Später stellte sich heraus, daß das wirklich der Fall war.) Aber keine Antwort!

Vielleicht schlafe ich wirklich, dachte ich manchmal, und kann deshalb nichts hören. Jedenfalls ging das Drehen der Skalen und das Wechseln der Spulen sehr langsam. Mein Rücken schmerzte mich von der ununterbrochenen gebeugten Haltung, und die Ohren taten mir vom Druck der Kopfhörer weh. (Ich hatte meine Kappe über dem Kopfhörer ganz fest angezogen, in der Hoffnung, dadurch allen äußeren Lärm fernzuhalten und mich ganz in den Funkverkehr einzuspinnen.) Auch Daumen und Zeigefinger schmerzten, weil ich in meinem Eifer die Taste zu fest niederpreßte. Das wäre an und für sich nicht schlimm gewesen. Es waren lauter kleine, mit ein wenig Willenskraft leicht zu überwindende Unannehmlichkeiten. Doch wenn man sehr müde ist, ist auch der Wille müde. Er verläßt einen offenbar rascher als das Denkvermögen. Meine Gedanken waren vollkommen klar; ich wußte genau, was ich zu tun hatte, aber es schien mir nicht der Mühe wert, es auszuführen.

Jetzt mußt du dich aber endlich aufraffen ... etwas dagegen unternehmen, sagte ich mir bisweilen.

Sehr schön, aber was? Es half ja doch nichts. Ich mußte meine ganze Kraft zusammennehmen, um nur hier sitzen zu bleiben.

Und doch mußte ich etwas versuchen, irgend etwas, auch wenn ich mir gar keine Hilfe davon versprach. Zuerst die Flasche her ... ein Schluck Wasser. Nun ein bißchen Wasser auf das Taschentuch, das Gesicht befeuchten. Und jetzt ein belegtes Brot.

Erstaunlicherweise half es wirklich; ich fühlte mich wacher. Das Funkgerät aber war genauso tot wie vorher.

Mitten in meinen Bemühungen erhielt ich eine Mitteilung von meinem Mann. Er wollte mit dem Sextanten einige Sonnenpositionen aufnehmen, um unseren genauen Standort zu überprüfen. Ob ich inzwischen das Flugzeug steuern wolle?

Natürlich wollte ich. Ich legte meinen Schreibblock beiseite und drehte den Steuerknüppel vor mir in seine Fassung. Wenn schon keine Funkverbindung zu bekommen war, so konnte ich mich wenigstens auf andere Art nützlich machen. Ich reckte mich, um das Steuer richtig führen zu können, streckte meine Beine aus, um die Seitenruder erreichen zu können, rückte sie sacht hin und her. Wie wohl tat es doch, die Stellung zu ändern, Arme und Beine einmal zu bewegen, aktive Arbeit zu verrichten.

Es war auch angenehm, hinauszublicken. Wir flogen jetzt tief, direkt über dem Wasser. Das Meer war von Sonnenschein und dunkelpurpurnen Schatten gesprenkelt. Die graue Decke über uns hatte sich in einzelne große, weiße Wolken aufgelöst, zwischen denen sich strahlend blauer Himmel zeigte. Mein Blick wanderte von den hellen Wolken in meine dunkel überschattete Kabine zurück, zu dem Kompaß, der vor mir auf dem Boden stand. Der schwingende Pfeil mußte parallel zu den weißen Strichen bleiben, wenn wir unseren geraden Kurs beibehalten wollten. Und die Maschine mußte sehr ruhig fliegen, während mein Mann den Sextanten ans Auge hielt. Meine Hände preßten sich enger um den Knüppel, meine Füße drückten fester auf die Seitenruder. So versuchte ich mich bei unserem Flugzeug einzuschmeicheln: »Jetzt sei so gut und schlage mal ein paar Minuten lang nicht aus wie ein ungebärdiges Füllen.«

Ich behielt meinen Kopfhörer auf und ließ die Antenne nachschleifen, um während der Beobachtungen meines Mannes weiter zu versuchen, Verbindung mit Funkstationen zu bekommen. Die Sonne stand jetzt hoch am Himmel und schien uns heiß auf den Rücken. Es war Mittag, und auch das Funkgerät schien seinen Mittagsschlaf zu halten. Wieder sendete ich »blind« unseren Standort.

Es kam keine Antwort. »Nil hrd auf 36 – nil hrd auf 54 – nil hrd 600 bis 900«, lauteten die Aufzeichnungen auf meinem Schreibblock. Immer wieder »nil« ... nichts.

Wie stand es mit den Sonnenbeobachtungen? Ich blickte nach vorne auf meinen Mann und versuchte, in seinen Mienen zu lesen. Er sah unzufrieden aus. Machte er Berechnungen auf seinem Schreibblock? Nein, er nahm den Sextanten auseinander! Offenbar war etwas nicht in Ordnung; die Beobachtungen ergaben kein richtiges Resultat. Wir waren jetzt auf halbem Weg, und Funknachrichten zu erhalten war lebenswichtig für uns. Wieder mühte ich mich mit der Antenne ab.

Jetzt ... jetzt hörte ich etwas. Signale ... eine Antwort.

CRKK – Porto Praia! Porto Praia, das wir längst hinter uns gelassen haben, weiter von uns entfernt als die südamerikanischen Stationen. Ist es der »Chef«, fragte ich mich, der die Nacht oben im Funkhaus durchwacht? Natürlich konnte es auch der blasse kleine Funker sein. Aber das glaubte ich nicht. Ich war nun einmal überzeugt davon, daß es nur der »Chef« in seinem zu weiten grauen Anzug sein könne. Er hatte unseren Funkspruch erhalten und »paßte auf uns auf«. »Wir passen immer auf Sie auf«, hatte er einmal gefunkt. »*PSN PSE* (Bitte Standort angeben)«, bat er nun.

Das war unser eigentlicher Abschied von der Insel. So sehr ich mich auch um 12 Uhr 45 bemühte, ich konnte die Station nicht mehr hören.

Nachdem ich um 12 Uhr 45 zweimal vergeblich versucht hatte, Verbindung mit Porto Praia zu bekommen, blieb mir in meiner Verzweiflung nichts übrig, als eine Sendung CQ »an alle« in die Welt hinauszufunken. Vielleicht würde ein Schiff antworten. Ich beschloß, den Funkspruch mit »Flugzeug Lindbergh« zu unterzeichnen, statt mit KHCAL. Möglicherweise würde das zu einem besseren Ergebnis führen; zuweilen half es nämlich. Stationen, die sich dem Zeichen KHCAL gegenüber als stocktaub erwiesen hatten, reagierten mitunter überraschend schnell auf »Flugzeug Lindbergh«. Ich bediente mich dieses unsachlichen Sendezeichens nur, wenn nichts anderes mehr übrigblieb. Ich fand es etwas unsportlich, so etwa, wie wenn man lebende Köder statt der künstlichen Fliege an seinen Angelhaken steckt.

Jetzt aber war mir das ganz egal. Natürlich war es möglich, daß mich die Pan-American-Stationen die ganze Zeit hörten, obgleich ich sie nicht vernahm, aber ich brauchte jetzt eine Antwort, etwas, woran ich mich halten konnte.

»*CQ CQ* (An alle Stationen) *Empfang 28 bis 48* (Meter) *Flugzeug Lindbergh.*«

»*Lindbergh Lindbergh Lindbergh.*« Kaum hatte ich den Köder ausgeworfen, als auch schon ein Fisch anbiß!

»*DDEA SS Caparcona Richtung Rio CRK* (Ich höre Sie gut. Ihre Zeichen sind deutlich.).«

Ein Schiff antwortete uns ... laute, klare Zeichen. Gott sei Dank, endlich hatte ich jemand erwischt. Sie gaben mir ihren Standort und die Wetterlage und ersuchten uns um die gleichen Auskünfte.

»*OK*«, kam die Antwort, »*Ihr Ziel?*«

»Unser Ziel?« Nun, natürlich Natal. So tief hatte sich das Ziel, dem wir zusteuerten, in mein Bewußtsein eingeprägt, daß mich eine Frage danach geradezu überraschte. Seit Wochen war dies unser Ziel. Der schon halbvergessene Flug die afrikanische Küste hinunter; das lange Warten inmitten des rötlichen Staubs von Santiago; die vergeblichen Startversuche in Bathurst; der nächtliche Anlauf über die windstille Bucht; die lange Arbeitsnacht, die gerade hinter uns lag ... alles galt dem Ziel – Natal.

Und doch war es aufs neue seltsam erregend, ganz sachlich, kurz, klipp und klar die Worte »*Ziel Natal*« zu senden. Denn heute war Natal in einem anderen, einem wirklicheren Sinn unser Ziel geworden. Geradewegs rasten wir darauf los, wie ein Pfeil vom Bogen schnellt ... »*Ziel Natal*«.

Das Flugzeug schaukelte leicht hin und her. Mein Mann hatte das Steuer bewegt, um meine Aufmerksamkeit zu erregen. Rasch richtete ich mich auf. Was gab es? Seine rechte Hand zeigte gegen Norden. Dort war am blauen Horizont ein Schiff zu sehen! Das erste, das wir seit den einsamen Lichtern unter uns, vor elf Stunden, knapp nach unserem Start von Bathurst zu sehen bekamen. Als winziger Fleck nur hob es sich vom Horizont ab, und doch war es tröstlich wie die erste Sicht von Land und dabei hell wie ein Leuchtfeuer.

Seltsam, wie die geringste Spur menschlichen Lebens in

der Einsamkeit eine Landschaft zu erhellen vermag. Wenn ich die Einöden von Arizona oder New Mexico überflog, waren mir ein paar von Menschenhand aufeinandergeschichtete Steine oder ein einzelnes, einmal bebaut gewesenes Stück Land wie ein fernes, von Sonne überstrahltes Feld erschienen. Ein seltsamer Glanz lag darüber, der nicht von Beleuchtungs- oder Farbeffekten herrührte, sondern ein warmes, lebendiges Zeichen menschlicher Gegenwart bedeutete, ein glühendes Stückchen Asche vom Feuer des Prometheus.

Das Schiff dort unten jedoch, das erste Schiff, dem wir auf der südamerikanischen Seite des Atlantiks begegneten, war mehr als ein Stückchen glühender Asche. Es war ein Funke des Lebens selbst. Wie ein Gestirn erschien es uns, um das Himmel und Meer kreisen bis ins Unendliche. Ja, dieses Schiff beleuchtete den Ozean gleich einer Lampe.

Wieder blickte ich von meiner Arbeit am Funkgerät auf. Was gab es nun? Wir gingen tiefer. Mein Mann wies auf etwas, das sich gerade vor ihm befinden mußte. Von meinem Sitz aus konnte ich es nicht sehen. Doch ja ... jetzt ... dort war ein zweites Schiff, diesmal genau in unserer Flugrichtung, ein Frachtdampfer, der langsam, eine weiße Schaumspur hinter sich herziehend, dahinfuhr. Rasch näherten wir uns, immer tiefer, tiefer, tiefer ging es jetzt. (Was mochten sich die Leute auf dem Schiff wohl denken, als sie uns so plötzlich vom Himmel herab auf sich zukommen sahen? Ob unser Anblick sie wohl geradeso erregte, wie uns der ihre? Ein zweites Schiff! Wir mußten also jetzt mitten über einem Knotenpunkt verschiedener nach Südamerika führender Verkehrswege sein.) Nun waren wir schon dicht über dem Schiff; seine Masten, sein Schornstein grüßten zu uns herauf. Als wir über den Dampfer hinbrausten, gehörten wir eine Sekunde lang zu seiner Welt. Das Schiff dort unten, wir hier oben; getrennt durch mehrere Tage langsamer Wasserfahrt, die es noch vor sich hatte, gehörten uns doch diese kurze Sekunde lang Zeit und Raum gemeinsam. Der blaue Stern auf seinem Schornstein, die Verdecke, die

Ladung konnten wir erkennen ... nun auch jemand, der uns zuwinkte. Und am Schiffsrumpf konnte ich jetzt im Vorbeifliegen den Namen des Schiffes lesen: »Aldebaran«. (Aldebaran, guter, schöner Stern ... ein glückliches Vorzeichen!)

Hinauf jetzt ... hinauf ... hinauf, wir klommen wieder empor in unsere eigene Welt, unsere eigene Zeit. Die »Aldebaran« war nun schon hinter uns zurückgeblieben; mühselig zog sie ihre Spur durch das Wasser. Auch ihr Ziel war Südamerika; wie lange würde sie wohl dorthin brauchen? Wir aber, wir würden heute abend, ja, heute nachmittag schon in Natal sein. Nur noch vier Stunden ...

»Arcturus, Aldebaran, Alpheratz«, ging es mir immer wieder durch den Kopf, als wir wieder unseren geraden Kurs fortsetzten. Vielleicht hatte der erste weiße Fleck am Horizont »Arcturus« geheißen ... vielleicht würde das nächste Schiff, dem wir begegneten, die »Alpheratz« sein.

Aber das nächste Schiff war nicht die »Alpheratz«, sondern die »Westfalen«, der deutsche Flugzeugträger, der im Atlantischen Ozean als Stützpunkt für den Überseeflugdienst stationiert war. Sie hatte Fernando de Noronha, die winzige Insel vor der brasilianischen Küste, am Morgen passiert und lag fast genau auf unserem Kurs. Wir waren seit etwa zwei Stunden in Funkverbindung mit ihr, hatten ihr Wetter- und Standortberichte übermittelt und sie auf einer langen Welle angepeilt. Sie gab uns ihre Position durch, und mit einer nur geringen Kursänderung flogen wir jetzt gerade auf sie zu.

»ORT (Sendung unterbrechen)«, gab uns der Bordfunker des Schiffes plötzlich an, »*sehen euch auf Backbord.*«

Ich blickte über den Rand des Cockpits. Dort drüben war die »Westfalen«; das breite Schiff dampfte gerade vor uns her. Sein Flugzeug, die Startbahn und der eckige Arm des Heckkrans sahen aus dieser Entfernung wie Spielzeug aus. Wir gingen tiefer, um uns dem Schiff zu nähern.

Mit einem Male erkannte ich auch die Leute auf Deck; viele nackte Arme winkten grüßend; der Dampf von Salutschüssen stieg auf, wenn wir auch die Schüsse selbst, die der Lärm unseres Motors übertönte, nicht hören konnten.

Ich winkte begeistert, zutiefst erfüllt von dem erregenden Erlebnis. Einander begegnen, einander finden ist ja wohl das Erregendste, was es in der Welt gibt, ob man in einem Buch davon liest oder selbst das Wunder des plötzlichen Verbundenseins zweier Welten erlebt. Das Zusammentreffen von zwei verschiedenen Kontakten in der gleichen Sekunde aber rief nun in mir ein Gefühl beinahe unerträglicher Spannung hervor. Die ganze Nacht und den ganzen Tag hindurch hatte ich mich damit abgemüht, Funkverbindungen herzustellen. Ich hatte mich mit unsichtbaren Menschen nur vermittels meiner Finger und meines Gehörs verständigen können, wie ein Blinder. Nun aber konnte ich plötzlich *sehen*. Ein Schleier war herabgeglitten. Ich konnte sehen ... richtig mit den Augen sehen. Einer jener Leute, die mir von dort unten aus zuwinkten, mußte der Funker sein, mit dem ich gesprochen hatte. Wieder hob ich grüßend den Arm. Welch wundervolles Erlebnis!

Jetzt waren wir auch an diesem Schiff vorbei. Wir stiegen wieder höher, zurück ins Reich der blinden Verbindung mit der Außenwelt.

»Vielen Dank für die Unterstützung«, funkte ich.

Der Funker der »Westfalen« antwortete. Er begann mit den Kursangaben auf Fernando de Noronha und Natal, ließ *»Weihnachts- und Neujahrswünsche«* folgen und unterzeichnete die Sendung *»von allen auf DDWE«*. (Jene auf Deck der »Westfalen« grüßend geschwenkten Arme.) Weihnachtsgrüße ... auf diesem tropischen Meer! Noch nie hatte ich mich so weit entfernt von Weihnachten gefühlt. Aber schließlich hatten wir ja doch Dezember. Der 6. Dezember ist heute, fiel mir ein. Wie nah das Fest schon war ... »Die Männer segeln von Troja heim, und alle Lampen sind entzündet.« Der Vers kam mir in Erinnerung wie stets, wenn es wieder nach Hause ging. Im Rhythmus des fahrenden Zuges war er mitgeklungen, wenn ich aus der Schule heimkam, und in den Maschinen des in den Hafen einfahrenden Dampfers hatte er gepocht. Und nun war er wieder da:

> Die Männer segeln von Troja heim,
> und alle Lampen sind entzündet.

Ich fühlte mich sehr glücklich. Wir waren nur noch 64 Kilometer von Fernando de Noronha entfernt. Der Tag war klar und kühl. Ich war gar nicht mehr schläfrig. Bis in die Unendlichkeit hätte ich so weiterfliegen können, und doch war es schon bald vorüber. Entlang der brasilianischen Küste flogen wir Natal entgegen. Jetzt waren wir über Fernando de Noronha, das kahle Inselchen mit seiner einzigen steil emporragenden Bergspitze. Schon lag sie hinter uns. Jetzt geradewegs Kurs auf Natal, und wir waren wieder in Verbindung mit der Pan-American-Station in Ceara.

»*Posn 16.45 GMT.*« (Fast fünfzehn Stunden geschafft – eine lag noch vor uns.)

Nur noch eine Stunde! Eine Stunde war gar nichts. Eine Stunde hatte ihr bestimmtes Maß. Als Kind mußte man sich »eine Stunde hinlegen«, und dann lag man auch wirklich eine Stunde lang brav auf dem Diwan und starrte zu den die Deckenlampe umsurrenden Fliegen empor. In der Schule dauerte es immer eine Stunde von einer Pause zur nächsten ... das Knirschen der Kreide an der Tafel während dieser Unterrichtsstunde ... die springenden Zeiger auf der Wanduhr ... der durch das Fenster hereindringende lockende Geruch brennenden Herbstlaubs. Eine Stunde auch dauerte die Fahrt von Englewood nach New York. Ich stellte mir jetzt diesen Weg vor, ich fuhr in Gedanken jedes Stückchen der Straße noch einmal, und wenn ich damit fertig wäre, würden wir vielleicht schon ...

Zuerst durch den Park, dann die Kurve ... so eine schlimme Kurve, Vorsicht, langsam. Durch das Tor mit den silbernen Birken, deren jede sich vorbeugte, um mich zu begrüßen. An der großen, jetzt unbewohnten Brinkerhoff-Besitzung vorbei ... geschlossene Fensterläden, üppig wucherndes Unkraut, wo einst gepflegter Rasen gewesen war. Jetzt bergauf ... der Motor schnurrt. Der Park mit den

Magnolien. Buchen nun ... Erinnerung an die Zeit, als ich radfuhr. An der Schule vorbei, an unserem alten Haus, an der Kastanie ... dort die Ulme, wo wir als Kinder im Sand spielten. Es steigt weiter, an Woodland Street vorbei, wo wir zu reiten pflegten. Der Teich, auf dem wir Schlittschuhlaufen lernten, eine winzige Pfütze nur mit einer Holzbrücke, aber damals kam sie uns breit wie der Hudson vor. Weiter hinauf ... bis zu den Felsen dort oben gingen wir als Kinder sonntags immer spazieren. Jetzt langsam hinunter ... Vorsicht, den Fuß auf die Bremse, dann ...

Mein Mann bewegte wieder den Steuerknüppel. Ich blickte auf. Die erste verschwommene Küstenlinie stieg drüben am Horizont aus dem Meer auf ... Südamerika. Der Anblick wirkte auf mich nicht so erregend wie die Begegnung mit den Schiffen. Damals kam es mir zum erstenmal zum Bewußtsein, daß wir »drüben« waren. Südamerika ... nun, das mußte ja kommen ... und jetzt war es da.

Immerhin unterbrach ich meine Autofahrt von Englewood nach New York und ließ die undeutliche Linie nicht mehr aus den Augen; ich beobachtete, wie aus einem unbeweglichen Wolkenrand ein deutlich wahrnehmbarer, unregelmäßiger Umriß wurde.

Die Männer segeln von Troja heim,
und alle Lampen sind entzündet.

Jetzt würden wir im Nu dort sein. Ich wandte mich wieder dem Funkgerät zu; abermals rief uns Ceara. Die Station hatte eine Meldung für uns. Ich schrieb sie nieder. Es war die gleiche, die wir vor beinahe zehn Stunden, als es noch dunkel war, aus Rio erhalten hatten ... drüben, auf der anderen Seite des Ozeans. Ich reichte sie meinem Mann hinüber. Wie seltsam es war, sie nun, da wir fast dort waren, nochmals zu lesen:

»*PAA Empfangsbarkasse in Natal* (Die Küste von Brasilien breitete sich in dem leichten Nebel vor uns niedrig und grün aus.) *Befindet sich auf Fluß* (Wir näherten uns ihm jetzt sehr rasch, nur noch ein paar Minuten die Küste entlang.) *Südwestende Stadt stop* (Da war endlich Natal – die Gruppe weißer, sich den Hügel hinanziehender Häuser, die Palmen dort am Horizont.) *Zwischen Stadt und großem Luftposthangar stop* (Mein Mann drehte sich zu mir um und machte mit der Hand ein Zeichen: ›Noch fünf Minuten‹.) *Vorsicht hohe Funkmasten* (Dort waren sie, ja, das war der Hangar; wir umkreisten ihn bereits!) *Einige Ersatzteile auf Barkasse vorrätig* (Nun sah ich sie bereits, eine weiße, viereckige Barkasse mit amerikanischer Flagge).«

Rasch schraubten wir uns hinunter. Ich hatte kaum Zeit, nach Ceara zu funken, daß wir landeten. Rasch die Antenne aufspulen, ehe sie aufs Wasser aufschlägt. Das Funkgerät abstellen. Den Kopfhörer von den Ohren herunter. (Endlich! Meine Ohren waren schon ganz wund von dem Druck.) So, jetzt ein bißchen Toilette machen. Wasser aufs Taschentuch. Mal rasch übers Gesicht fahren. Das Haar kämmen. Die Kappe wieder aufsetzen und den Gurt für die Landung festschnallen.

Gerade rechtzeitig fertig geworden. Wir schwebten ganz dicht über dem Wasser. Den Motor abgestellt; der Propeller surrt leise; wir lassen uns sanft nieder wie eine müde Möwe. Jetzt ... berühren wir die Wasserfläche, hüpfen darüber hinweg wie ein vom Ufer her geschleuderter Stein. Jetzt tauchen wir ins Wasser ... langsam nun ... brausend ergießt sich Schaumflut über die Schwimmer. Die Maschine schnellt vor. Ein Luftstoß, als der Motor wieder angelassen wird ... das Flugzeug wendet schwerfällig, steuert langsam durch das Wasser der Barkasse zu. Nun ist es wieder ein Geschöpf des Wassers, kein frei durch die Luft schwebender Vogel mehr.

Ich zog meinen Schreibblock heraus und notierte, während das Flugzeug auf den Wogen hin- und herschaukelte, mit unsicherer Hand: »Natal gelandet 17.55 GMT.«

Helen Humphreys

Kreise am Himmel –
Dauerflugrekord

Zwei junge Frauen, die berühmte Pilotin Grace O'Gorman und die unerfahrene Willa Briggs, starten im Sommer 1933 in ihrem zweisitzigen Moth-Doppeldecker in Toronto, um einen Dauerflugrekord aufzustellen. 25 Tage sollen sie über der Stadt kreisen. Nach der ersten Euphorie setzt Müdigkeit ein, Schwierigkeiten tauchen auf, eine Verständigung ist nur noch durch Zeichensprache möglich ...

Der Roman der Kanadierin Helen Humphreys ist eine fiktive Geschichte, aber die historischen Einzelheiten wie die Flugzeuge, die Mechanik und Besonderheiten der Luftfahrt der 30er Jahre basieren auf Tatsachen. Der Flug ist dem der amerikanischen Pilotinnen Frances Harell Marsalis und Helen Richy nachempfunden, die im Dezember 1933 über Miami, Florida, einen nationalen Dauerflugrekord aufstellten.

Um sechs Uhr früh am Dienstag, dem 1. August 1933, hebt die überladene Moth DH60OT mit Grace O'Gorman am Steuer schwerfällig in den wolkenverhangenen Himmel ab. Eine kleine Gruppe hat sich zu ihrer Verabschiedung eingefunden, dünner Beifall klingt auf, als sich das Flugzeug am Ende der Startbahn schwankend und widerstrebend über die Wellen erhebt.

Vorher sind noch die erforderlichen Zeitungsfotos von Willa und Grace in ihren Overalls neben dem »Adventure-Girl-Logo« gemacht worden. Willa und Grace, die mit breitem Lächeln aus den Cockpits der stehenden Moth winken. Grace mit frisch aufgetragenem Lippenstift. Dunkelrot. Ein Reporter fragt sie nach der Farbe. Sie lacht und witzelt mit ihm. »Himmelsstürmerin«, sagt sie.

Willa und Grace haben sich dazu entschlossen, den Hafen von Toronto gegen den Uhrzeigersinn zu umkreisen. Flugzeugpropeller drehen sich stets in einer Richtung, wodurch das Flugzeug entweder nach rechts oder links zieht. Indem sie gegen den Uhrzeigersinn fliegen, folgen sie der natürlichen Neigung der Moth zum Linksdrall.

Erst einmal in der Luft, kann es ihnen gar nicht schnell genug gehen, eine bestimmte Routine einzurichten. Grace fängt die Maschine bei 450 Meter Höhe und 130 Kilometer pro Stunde ab und geht in eine langsame Kurve über dem östlichen Teil der Bucht. Willa notiert die exakte Abflugzeit und den Zeitplan für den Tag im Logbuch – Ablösung beim Fliegen alle drei Stunden, Auftanken alle acht Stunden. Sie mißt auch die Zeit, die sie für die erste volle Runde über der Stadt brauchen, C. N. E., Inseln, See, industrielles Hafengebiet, Stadt. Zehn Minuten. Einen kurzen Moment lang überlegt sie, ob sie ausrechnen soll, wie viele Runden sie in 25 Tagen fliegen werden, läßt es aber dann sein. Es wäre zu überwältigend, das genau zu wissen.

Sie haben nicht den besten Tag für den Beginn ihres Vorhabens erwischt. Die Luft ist dick und feucht. Die Temperatur beträgt bereits an die 30 Grad und soll noch bis über 40 steigen. Unter 300 Meter Höhe weht ein böiger Wind. Die Wellen in der Bucht haben weiße Schaumkronen. Es riecht nach Regen.

»Adventure Girls« erstes Auftanken in der Luft verläuft erfolgreich. Kurz nach zwei steigt ein Flugzeug vom Flughafen auf und paßt sich dem Tempo der Moth an. Sie fliegen eine Weile, testen die Balance aus, kreisen und kurven im Tandem. Ein Leinwandsack und ein Gummischlauch werden aus der offenen Tür des Eindeckers heruntergelassen. Jack fliegt das Tankflugzeug in gleichmäßigem Tempo. Willa fliegt die Moth in gleichmäßigem Tempo. Grace fuchtelt in der Luft herum, hangelt nach der treibenden Fracht, hievt sie herein. Sie bindet den Sack los, zieht ihn zu sich und befestigt das Seil, an dem er hing, an einem Metallring auf dem Rumpfstück zwischen den Cockpits. Stehend öffnet sie den

Treibstofftank, läßt die Metallkappe am Ende ihrer Befestigungskette herabbaumeln und führt den Schlauch in den leer klingenden Tank ein.

Die Moth ist mit einem 150-Liter-Tank zwischen den oberen Tragflächen ausgestattet worden, wo sich normalerweise ein 75-Liter-Tank befindet. Außerdem sind noch drei 15-Liter-Kanister an den Seiten des vorderen Cockpits verstaut, die Grace mit einer Handpumpe in den Haupttank umpumpen kann, wenn der so gut wie leer ist. Die Handpumpe wird auch dazu benutzt, Öl durch eine fest installierte Zuflußleitung in die Ölkammer im unteren Motorgenhäuse zu pumpen. Abhängig von Fluggeschwindigkeit, Wind und Wetter reichen die 195 Liter Treibstoff für acht bis neun Flugstunden. Um kein Risiko einzugehen, haben Grace und Willa mit Jack vereinbart, daß er alle acht Stunden zum Auftanken kommt.

Der Treibstofftank wiegt, wenn er voll ist, an die fünfhundert Pfund, und Willa achtet darauf, den Steuerknüppel ein wenig hochzuziehen, damit die Nase oben bleibt, während das zunehmende Gewicht den Auftrieb verringert, den die Moth mit leerem Tank hatte.

Sie überfliegen die östliche Durchfahrt und die schwarzen Kohlenhalden am Hafen.

Grace schraubt den Tankverschluß wieder zu und winkt mit der Hand, damit das Tankflugzeug den Schlauch hochzieht. Nachdem der Stutzen von der oberen Tragfläche weggeschwenkt ist, öffnet sie den Leinwandsack und nimmt den Inhalt heraus. Drei volle Treibstoffkanister und ein in ein Tuch gewickeltes Essenspaket. Sie stapelt die leeren Kanister in den Sack, verstaut die vollen an den Seiten ihres Cockpits und gibt das Zeichen zum Hochziehen des Sacks.

Der Eindecker entfernt sich aus dem Orbit der Moth und fliegt in einer scharfen Kurve zur Stadt zurück.

Willa schaut auf die Uhr. Der ganze Auftankvorgang hat weniger als 15 Minuten gedauert.

Grace ist damit beschäftigt, die Treibstoffkanister am Rumpf zu vertäuen. Sie hat während des Auftankens hauptsächlich gestanden, und Willa weiß, wieviel Kraft es kostet, sich gegen den Luftschraubenstrahl zu stemmen und das Gleichgewicht zu halten. Wie wird das erst nach einer längeren Flugzeit sein, wenn ihre Körper müde und schwach sind? Grace wird sich irgendwie am Flugzeug festbinden müssen. Willa denkt an ihren Fallschirm, dieses eckige, kompakte Paket, das zu Hause neben ihrem Bett liegt.

Grace, die rückwärts auf dem Sitz kniet, sich mit dem Essenspaket abmüht und versucht, nicht mit den Füßen an den Steuerknüppel zu kommen, schaut plötzlich zu Willa auf und lächelt. Für das Auftanken hat sie die Schutzbrille abgenommen, und die Druckstellen von den Rändern liegen wie Schatten um ihre Augen. Ihr vor kurzem aufgetragener Lippenstift glänzt rot.

Willa lächelt zurück. Sie ist überrascht, wie emotional sie reagiert, merkt, wie isoliert sie war, als sie von Grace nur die Fliegerkappe und die Schultern im Overall sehen konnte. Und Grace hat nur die freiliegenden Zylinder, den Auspuff und die Kabel des Motors, auf die sie schauen kann. Sie muß ebenfalls froh sein, mich zu sehen, denkt Willa. Wir sind hier in die Luft hinaufgeworfen worden, wie ein schimmerndes Bukett, und haben nun nur noch einander. Willa betrachtet Grace und sieht in ihr zum ersten Mal nicht das Zeitschriftenfoto oder die Schlagzeile, sondern jemanden, der wie Willa ist. Jemand, den man erreichen kann.

»Schön, dich zu sehen«, kritzelt sie, den Zettel unbeholfen mit dem Handgelenk gegen den Oberschenkel gedrückt, während sie mit der einen Hand schreibt und der anderen steuert.

»Dich auch.«

Am dritten Abend ist Willas Euphorie der ersten beiden Tage verflogen. An ihre Stelle sind die praktischeren Gefühle des Unbehagens getreten. Es ist kälter geworden. Nur noch 21 Grad am Mittag und jetzt, zu Beginn des Abends, um die 16 herum. Graue Wolken bedecken den Horizont.

Sie will raus aus dem Flugzeug.

Vom vielen Sitzen ist sie ganz wund. Sie hat Verstopfung

und Rückenschmerzen. Ihre Beine werden taub, wenn sie die Seitenruderpedale bedienen muß. Beim Krach des Motors, der ihren Kopf erfüllt wie ein Bienenschwarm, fällt ihr das Denken schwer.

Grace und Willa haben beide aufgehört, ihre Anschnallgurte zu tragen. Gurte sind eine gute Idee, wenn man nur fliegt, sind aber furchtbar unpraktisch, wenn es ums Auftanken oder Pinkeln oder Umziehen oder Zähneputzen geht.

Und jetzt, kurz nach acht Uhr abends am Donnerstag, dem 3. August, beginnt es zu regnen. Grace fliegt die letzte Stunde ihrer Abendschicht. Die Sonne ist vor 20 Minuten untergegangen, aber die Wolken spenden so viel Licht, daß man etwas sehen kann.

Als sie die ersten Tropfen auf ihrem Gesicht spürt, dreht sich Willa in ihrem Sitz um, schnallt die Segeltuchhaube vom Rumpf und zieht sie über ihrem Kopf hoch. Die Haube ist durch gebogene Bambusstäbe verstärkt, und deren Enden müssen in kleine Metallhalterungen gesteckt werden, die im Abstand von 20 Zentimetern an der Außenseite der Cockpittüren angebracht sind. Vorne reicht die Haube nicht ganz bis zur Windschutzscheibe herab; durch den etwa 30 Zentimeter breiten Spalt dringt der Luftschraubenstrahl ein, und die dürftige Haube wird fast heruntergerissen. Mit der einen Hand hält Willa das Segeltuch fest und tippt mit der anderen Grace auf die Schulter, um ihr zu signalisieren, daß sie die Haube hochklappen soll, während Willa das Flugzeug fliegt.

Als sich Willa endlich in ihr Ölzeug gekämpft hat, ist sie durch und durch naß. Wasser läuft ihr aus der vollgesogenen Kappe den Hals und den Rücken hinunter. Ihre Schutzbrille ist vom Regen verschmiert, und sie kann nichts sehen. Nur ihre Füße, die in den Ruderschächten rechts und links von Grace' Sitz stecken, sind noch trocken.

Willa zerrt sich Schutzbrille und Kappe herunter und wirft beides zu Boden. Sie versucht, sich unter der Windschutzscheibe zusammenzuducken, aber der Steuerknüppel ist im Weg.

Donner rollt über das Flugzeug hinweg.

Blitze, denkt Willa. Was ist, wenn die Moth vom Blitz getroffen wird? Mit dem rechten Fuß tritt sie gegen Grace' Sitz, weil sie Grace unter der Haube nicht sehen kann und in Panik gerät. Wer steuert das Flugzeug? Was ist, wenn der Motor zu naß wird und aussetzt, wenn das beruhigende Dröhnen des Motors aufhört, das Willa vorhin noch verflucht hat, an dem sie jetzt aber mit jeder Faser ihres Körpers hängt?

Eine Hand schiebt sich unter Grace' Haube durch. Willa entnimmt ihr ein feuchtes Stück Papier.

»Sie gehört dir.«

Was gehört mir? denkt Willa. Der Regen läßt das kleine Flugzeug hin und her schwanken, strömt von der Hinterkante der oberen Tragflächen in einem Schleier herunter. Die Moth sackt nach Backbord ab. Es dauert einen Moment, bis Willa merkt, daß niemand das Flugzeug steuert.

Beim Auftanken um 22 Uhr geht alles schief. Der Eindecker schafft es nicht, synchron mit der Moth zu fliegen. Grace' Segeltuchhaube wird weggerissen, als sie den Schlauch zu packen versucht, der immer wieder außer Reichweite schwingt, während das Tankflugzeug ein ums andere Mal seine Position korrigiert. Als es ihr schließlich gelingt, den Schlauch mit beiden Händen zu umklammern, wird sie halb aus dem Cockpit gerissen, weil das andere Flugzeug plötzlich steigt. Willa glaubt, Jack wolle ihr Grace wegnehmen, und zieht die Nase der Moth so abrupt hoch, daß Grace ins Cockpit zurückfällt.

Auch das Füllen des Tanks läuft nicht gut. Es scheint den beiden Flugzeugen nicht möglich, die gleiche Geschwindigkeit zu halten, und zweimal wird der Schlauch aus dem Einfüllstutzen gerissen und bespritzt Grace und das vordere Cockpit mit Treibstoff. Willa, die kaum etwas sehen kann, muß versuchen, das Flugzeug ganz ruhig und gleichmäßig zu fliegen, während Grace sich verzweifelt an den wild hin und her schwingenden Schlauch krallt. Voll wird der Flügeltank auf diese Weise nicht, und Willa kann nur hoffen, daß Jack seinen Tankanzeiger überprüft, wenn er zum Flughafen zurückkommt, bemerkt, daß die Tankfüllung nicht vollständig war, und zum nächsten Auftanken entsprechend früher aufsteigt.

Keine Notiz, kein Wort von Jack. Grace verstaut die Treibstoffkanister, wickelt das Essenspaket aus und findet darin nur eine Thermosflasche mit Suppe, ein paar Kekse, ein paar getrocknete Datteln. Sie kniet sich rückwärts auf den Sitz, schraubt die Thermosflasche auf. Grace ist vollkommen durchnäßt. Sie hat keine Zeit gehabt, ihr Ölzeug anzuziehen. Die Kleider kleben ihr am Leib. Die durchweichte, eng an ihren Kopf geklatschte Kappe läßt sie kahl aussehen.

Blitze zucken durch den Nachthimmel, durch die Wolken. Willa steuert das Flugzeug, und Grace füttert sie mit heißer Tomatensuppe, während sie in ihrer Endlosschleife über die Stadt, über das Wasser, über die Inseln gleiten. Willa mit offenem Mund, die dicke Suppe auf ihrer Zunge warm und salzig wie Blut. Der Treibstoffgeruch, der von Grace' Haut ausgeht.

Um 5 Uhr 9 bei Sonnenaufgang hat der Sturm sich endlich ausgetobt. Willa sieht, wie er abzieht, nach Westen über den Himmel jagt, sich einen anderen Küstenstreifen vornimmt. Der Himmel verändert sich ständig, denkt sie. Launische Wetterwechsel, das Aufblitzen von Tag und Nacht und Tag, Mond, kein Mond. Die schimmernden kleinen Einstiche der Sterne.

Grace schläft unter ihrem Ölzeug, den Kopf an den leise vibrierenden Flugzeugrumpf gelehnt. Sie hat ihre Kappe abgesetzt, und Willa sieht, wie ihr rotes Haar allmählich im wiederkehrenden Sonnenschein trocknet. Die Erleichterung bei der aufkommenden Helligkeit und das Ende des Regens haben Willa ruhiger gemacht. Sie bewegt den Steuerknüppel mit den Fingerspitzen, berührt kaum den lederbezogenen

Stahl. Sie beobachtet den Sonnenaufgang. Sie beobachtet Grace beim Schlafen.

Erst eine halbe Stunde später, als Willa unten das Tankflugzeug über die Asphaltpiste rollen sieht und nach einem Stück Papier und einem Bleistift sucht, um sich bei Jack über die erfundenen Zitate zu beschweren, entdeckt sie das wahre Ausmaß dessen, was der Sturm letzte Nacht angerichtet hat.

Papier.

Die Notizblöcke, das Logbuch, die Zeitung – alles hin, alles nur noch ein durchweichter, matschiger Brei. Die Bleistifte einfach weg, aus dem Flugzeug gespült vom Regen, oder vom Bocken der Maschine nach hinten ans Heck gerollt, wo sie nicht mehr erreichbar sind. Noch wissen Willa und Grace nicht, daß das Regenwasser in der Bilge des Rumpfes herumgeschwappt ist, hinten Willas Sachen durchnäßt hat, wenn das Flugzeug stieg, vorne die von Grace, wenn sich die Flugzeugnase senkte. Alles ist naß, aber das läßt sich trocknen, außer dem Papier. Das Papier war vielleicht das Wichtigste, was sie mitgenommen haben. Willa hat sich daran gewöhnt, nicht zu sprechen, sich schriftlich mit Grace zu unterhalten.

Der Eindecker schraubt sich zu ihnen hoch. Grace schläft im vorderen Cockpit, den Kopf seitlich verdreht, die Wange auf dem Metallstreifen, der die beiden Cockpits voneinander trennt. Willa setzt ihre Suche nach trockenem Papier, nach einem glücklicherweise geretteten Bleistift fort.

»Wie kann ich dich jetzt erreichen?«

So gut wie alles in der Moth ist vom Regen durchnäßt. Der vierte Tag ist sonnig, nicht zu heiß, aber doch warm genug, um ihre nassen Sachen zu trocknen. Willa und Grace verbringen den Tag nur mit ihrem Ölzeug bekleidet, ihre Hemden, Hosen und die Unterwäsche sind über die verschiedensten Teile der Verspannung drapiert. Die beiden Drähte rechts und links am Flugzeug, die von den oberen Tragflächen bis hinab zum Rumpf unter dem vorderen Cockpit führen, eignen sich bestens als Wäscheleine. Sie steigen auf 1500 Meter, damit niemand am Boden ihre Wäsche für ein Notsignal hält.

Es ist ein trübseliger Tag. Ohne Papier und Bleistift gibt es keinen Austausch zwischen den Cockpits. Verbunden mit dem durch die größere Höhe hervorgerufenen Unvermögen, Einzelheiten am Boden auszumachen, ist der vierte Tag so viel schwerer zu ertragen. Willa ist erstaunt, wie sehr ihr das Schreiben an Grace fehlt. Jetzt, wo es keine Möglichkeit gibt, etwas zu sagen, merkt sie, daß sie viel zu sagen hätte. Die einzige Sprachstafette, die sie am vierten Tag aneinander weiterreichen, ist das Signal, sich beim Fliegen abzulösen: Ein Arm in die Luft gestreckt. Als Grace am Ende ihrer Schicht um drei Uhr nachmittags dieses Zeichen gibt, spürt Willa, wie ihr die Kehle eng wird.

Den ganzen Tag lang nur den Rücken von Grace O'Gorman, die entschwundene Erde. Willas Gedanken beginnen in ihrem Kopf aufeinanderzuprallen, panisch nach einem Ausgang zu suchen. Sie fürchtet, daß sie vielleicht einen Teil ihrer Vernunft, ihres Verstandes verliert. Daß ihre Gefühle vielleicht von dem Wind, der die ganze Zeit mit 160 Kilometer pro Stunde auf sie einpeitscht, zerfetzt werden. Es gibt Untersuchungen von Piloten, medizinische Studien, die den Unterschied zwischen der Wahrnehmung in der Luft und der Wahrnehmung am Boden aufzeigen. Willa erinnert sich an ein paar Einzelheiten aus einem Artikel, den sie über Luftfahrtmedizin gelesen hat. Die Sehfähigkeit ist in der Luft weniger exakt als am Boden. Je größer der Abstand zwischen Flugzeug und Erde, desto langsamer scheint sich das Flugzeug zu bewegen. Der Pilot verliert jedes Gefühl für die Anziehungskraft der Erde, überträgt seine Bodenverbundenheit auf das Flugzeug selbst.

Ist es das, was gerade passiert? fragt sich Willa. Hat das Fehlen der Erdanziehungskraft auch andere erdgebundene Realitäten verändert? Gefühle, die an die gewichtige Ordnung der Welt dort unten gewöhnt sind, könnten hier oben, in 1500 Meter Höhe, ins Trudeln geraten. Eine Rolle machen. Einen Looping. Willa schaut auf Grace' erhobenen Arm, und ihr Herz bleibt an zwei Worten hängen.

»Rette mich.«

Sie möchte mit Grace darüber reden, möchte wissen, ob das Durcheinander der Gefühle, das sie empfindet, nur auf sie zutrifft. Aber es bleibt nur die Möglichkeit, Grace auf die Schulter zu tippen, um ihre Aufmerksamkeit zu erringen, ihr klarzumachen, was sie meint. Sonst nichts, um sich ihr verständlich zu machen.

Nachdem sie aufgetankt und Hühnerbeine und Kartoffelsalat zum Lunch gegessen haben und Willa wieder mit Fliegen dran ist, dreht sich Grace in ihrem Sitz um und schaut ihre Partnerin an. Das haben sie sich in den letzten anderthalb Tagen angewöhnt. Selbst wenn sie nicht miteinander reden oder einander schreiben können, ist es schon eine Erleichterung und ein Trost, einander anzusehen.

Grace trägt frischen Lippenstift auf, bürstet ihr Haar. Sie hat aufgehört, tagsüber die Fliegerkappe zu tragen – nur nachts gegen die Kälte –, und ihr rotes Haar ist ständig zerzaust.

Willa steuert und beobachtet Grace, die sich in dem kleinen Notspiegel betrachtet. Sie sieht gut aus, denkt Willa. Ich würde ihr das sagen, wenn ich könnte.

Grace könnte sich über das Rumpfstück lehnen und in Willas Ohr brüllen. Wenigstens ein paar Sätze, bevor die Anstrengung, so laut zu brüllen, und die unbequeme, gefährliche Stellung Grace ermüden würde. Aber das ist es nicht wert. Nicht jetzt, wo alles relativ glatt läuft. Sie müssen mit ihren Kräften haushalten. Schon jetzt kann Willa erkennen, daß das Pumpen aus den tragbaren Treibstoffkanistern Grace stark ermüdet. Diese anstrengende Art der Kommunikation sparen sie sich für den Notfall auf, wenn es Probleme gibt, wenn etwas schiefgeht.

Grace legt den Spiegel weg und starrt Willa an. Willa starrt zurück. Das Flugzeug legt sich von selbst in die Linkskurve über der östlichen Durchfahrt.

Grace breitet die Arme nach beiden Seiten aus. So weit sie kann.

Was macht sie da? denkt Willa.

Die Moth gleitet nach links über die Stadt. Grace beugt sich mit ausgestreckten Armen etwas nach links, um die Kurve anzudeuten.

»Flugzeug.«

Willa nickt, als Zeichen, daß sie versteht.

Grace dreht ihre Handgelenke, die Daumen nach oben. Ihre Arme sind immer noch ausgestreckt.

»Steigen.«

Sie dreht die Handgelenke mit den Daumen nach unten.

»Sinken.«

Sie dreht die Arme nach links, dann nach rechts.

»Kurve.«

Willa nickt und nickt. Die Worte hüpfen und knistern in der Luft zwischen den Cockpits.

Grace deutet auf sich, tippt mit dem rechten Zeigefinger gegen ihr Brustbein.

»Ich.«

Sie deutet auf ihre Lippen, rot und ölig glänzend vom Lippenstift.

»Kuß?« denkt Willa. Sie schüttelt verwirrt den Kopf.

Grace öffnet und schließt den Mund, macht mit den Lippen Sprechbewegungen.

Willa nickt.

Grace streckt die Hand aus und berührt sanft Willas Wange.

Wange. Lippen. Brust.

Körper. Mund. Körper.

»Ich werde mit dir reden.«

Sie verlieren jedes Zeitgefühl. Willa fliegt immer weiter, fliegt Grace' Frühabendschicht, ohne daß sie es merken. Sie wirft beim Fliegen kaum einen Blick nach unten. Hält automatisch den Kurs, mit den Fingerspitzen, Resultat ständiger Wiederholung. Ihre ganze Aufmerksamkeit gilt Grace.

Grace, die mit untergeschlagenen Beinen verkehrt herum auf ihrem Sitz hockt und eine Sprache aus der Luft formt.

Über die Teile und Funktionen des Flugzeuges hinaus wird es schwieriger, Bedeutungen zu übermitteln. Sie halten sich lange mit jedem Wort auf, wiederholen es bis zum Überdruß, bevor sie sich einem neuen zuwenden. Oft muß Grace zwischen den erdachten Zeichen eine Weile nachdenken, muß sich überlegen, was sie sagen will und wie sie es am besten darstellen kann. Langsam bauen sie einen elementaren Wortschatz auf.

»Erde«: Linker Arm ausgestreckt, die Handfläche nach oben.

»Wasser«: Eine wellenförmige Bewegung mit der rechten Hand wie eine kriechende Schlange.

»Himmel«: Das Zeichen für »Erde«, wobei die rechte Hand einen unsichtbaren Bogen über der ausgestreckten Handfläche der linken beschreibt.

»Wind«: Rasches Bewegen der Finger der rechten Hand vor dem Körper, die Handfläche nach unten. Das Zappeln der Finger in der Luft symbolisiert das Wehen des Windes.

»Regen«: Beide Hände über dem Kopf, die zuckenden Finger gegen das Haar gerichtet, um Regentropfen anzudeuten.

Kleidungsstücke und Körperteile werden durch direktes Zeigen bezeichnet. Für Essen deutet Grace zuerst auf ihren offenen Mund und versucht dann pantomimisch, spezielle Nahrungsmittel darzustellen. Daumen und Zeigefinger zum Oval eines Eies geschlossen. Ein imaginäres Hühnerbein mit der Faust gepackt und angeknabbert. Kaffee dargestellt als Pusten und dann langsames Trinken aus einem Becher.

Bis die Dunkelheit sie einfängt und Grace' Hände zu verschwimmen beginnen, machen sie weiter mit dem Beschreiben und Identifizieren, mit dem Benennen von Dingen.

Das ist kein Reden im gewöhnlichen Sinne, denkt Willa, als Grace sich schließlich in ihrem Cockpit umgedreht und die Steuerung der Moth übernommen hat.

Wir lernen, auf eine andere Art zu reden.

Am Montag passiert etwas mit dem Flugzeug. Zu einem Zeitpunkt, wo Willa das Vibrieren des Motors schon in Fleisch und Blut übergegangen ist und die Moth ihr so solide und fest wie der Erdboden erscheint, wird allzu deutlich, daß die Mechanik des Flugzeuges überaus empfindlich ist.

Es ist nur eine Kleinigkeit. Ein Stift. Ein Gabelstift, der sich unten am Steuerknüppel gelöst hat, und plötzlich hat Willa keine Kontrolle mehr über das Flugzeug. Der Steuerknüppel wird schlaff in ihrer Hand, und als Willa nach unten schaut, sieht sie den Stahlstift unter ihren Sitz rollen. Einen Moment lang behält die Moth ihren Horizontalflug noch bei, aber als sie in die Kurve über der Stadt gehen soll, fliegt sie geradeaus weiter. Willa beugt sich vor und brüllt Grace ins Ohr.

»Ich kann sie nicht mehr steuern.«

Ihre Stimme fühlt sich seltsam an, klingt knarrend wie eine rostige Türangel.

»Der Gabelstift hat sich gelöst.«

Grace nickt und zieht die Moth scharf nach links, zurück zum Wasser.

Willa greift unter ihren Sitz, kann aber das winzige Metallstück nicht ertasten. Sie hofft, daß es nicht bis ins Heck gerollt ist. So ein kleines Ding, und es bewirkt so viel. Natürlich haben sie keinen Ersatz dabei. Sie haben nur sehr wenig Ersatzteile an Bord. Dafür ist Jack da – um all ihre Bedürfnisse zu erfüllen. Was für ein perfektes System, denkt Willa sarkastisch, bemüht, nicht in Panik zu geraten. Sie verdreht ihren Körper im Cockpit, bis ihr Kopf am Boden ist und ihre Beine über der Backbordtür baumeln. Sie tastet mit den Händen herum, findet nichts, stößt sich den Kopf am Steuerknüppel.

»Scheiße«, murmelt sie, noch immer mit dem Kopf nach unten, und stellt sich vor, von einem Filmungeheuer gefressen zu werden, während ihre Beine ein dramatisches Ballett in der Luft vollführen.

Sie schiebt sich wieder in eine aufrechte Position, fühlt

sich ein bißchen schwindlig und beugt sich erneut zu Grace vor.

»Er ist unter dem Sitz.«

Ihre Kehle ist bereits rauh von der Brüllerei.

»Er muß rausrollen.«

Grace nickt und zieht den Steuerknüppel ganz zurück, hebt die Nase der Moth zu einem steilen Steigflug. Sie passieren 600, dann 900 und erreichen 1200 Meter. Dann geht Grace abrupt in den Sturzflug, und Willa, die auf diesen steilen Winkel nicht vorbereitet ist, wird nach vorn gegen die kleine Windschutzscheibe geworfen und stößt sich wieder den Kopf.

Es ist fast Mittag, und der Tank ist relativ leer. Bei dem geringen Gewicht ist Grace in der Lage, einige der für sie typischen akrobatischen Manöver auszuführen. Sie fliegt im Sturzflug auf das Wasser zu, reißt die Maschine dann hoch und läßt das Flugzeug hin und her wackeln. Der Gabelstift ist jetzt zu sehen und rollt vor und zurück, an der gebogenen Seite des Cockpitrumpfs entlang. Willa gelingt es schließlich, ihn zu packen, als er an ihren rechten Fuß rollt. Rasch hält sie Grace den Stift vors Gesicht, um ihr zu zeigen, daß sie mit den Kunststückchen aufhören kann.

Aber Grace hört nicht auf. Sie schießt wieder hinauf, überzieht das Flugzeug und gleitet seitwärts durch den grauen Himmel. Willa schnallt eilig die Gurte fest, falls Grace vergessen sollte, daß sie nicht angeschnallt sind, und die Maschine trudeln läßt oder Loopings macht.

Willa hält den Gabelstift fest in der Faust, wartet darauf, daß Grace wieder normal fliegt und ihr ermöglicht, den Stift zurück an seinen Platz zu stecken. Sie hat sich nie viel aus Kunstfliegerei gemacht, und es geht ihr ein bißchen auf die Nerven, in einem Flugzeug zu sitzen, das so wackelt und bockt. Sie ist wütend auf Grace, weil die meint, ihre Flugkünste vorführen zu müssen. Willa ist mehr für eine geruhsame Flugweise. Ihr liegt nur daran, in der Luft zu sein, nicht sie mit den Tragflächen zu zerhacken. Ihr Traum ist es, eine Anstellung zu bekommen, die ihr erlaubt, den ganzen Tag, jeden Tag in der Luft zu sein. Nette, gleichmäßige Fliegerei, bei der sie Leute oder Postsäcke befördert. Unterschiedliche Landschaften, auf die man hinabschauen kann, unterschiedliche Wetterbedingungen, mit denen man klarkommen muß. Nichts von diesem Winden des Flugzeugs um Luftsäulen. Aber sie weiß, das entspricht nicht Grace' Vorstellung vom Fliegen – Kunstflug oder Rekorde. Bevor Grace so berühmt wurde, war sie ein »Barnstormer«, eine von Ort zu Ort fliegende Wanderpilotin, die auf Äckern landete und ihre Flugakrobatik der örtlichen Bevölkerung für einen kleinen Obolus vorführte. Man behauptete, sie sei immer mit einem Abendkleid als einzigem Gepäck geflogen, um stilvoll gekleidet zu sein, falls man sie zum Essen einlud.

Grace läßt die Moth auf normale Flughöhe zurücksinken, und nachdem Willa sich hinabgebückt und den Gabelstift unten im Steuerknüppel befestigt hat, übernimmt sie das Steuer und bringt die Maschine wieder auf ihre langsame Runde über Stadt, Wasser, Inseln. Grace dreht sich auf ihrem Sitz um. Ihr Gesicht glüht. Sie berührt ihre Lippen, die Brust über ihrem Herzen und öffnet die Finger ihrer Faust, als wollten sie etwas freilassen und hinauf zur Sonne schicken.

»Ich fühl mich gut.«

Als Willa sieht, wie glücklich Grace ist, kann sie ihr nicht mehr böse sein.

Mitten am Tag, ihrem zehnten in der Luft, nach dem Auftanken um 14 Uhr, bekommen sie Motorprobleme. Grace fliegt die letzten 15 Minuten ihrer Schicht, als der Motor eine Fehlzündung hat. Sie sind so an das stetige, vibrierende Dröhnen der Moth gewöhnt, daß eine Unterbrechung dieses Rhythmus ihre Herzen ebenfalls aussetzen läßt. Willa klammert sich beim Husten des Motors erschreckt an die Seiten ihres Cockpits. Einen entsetzlichen Augenblick lang gibt er überhaupt kein Geräusch von sich, und es ist nur das Jaulen des Windes in den Spanndrähten zu hören. Grace schiebt den Gashebel vor, und die Moth erwacht stotternd und spuckend wieder zum Leben.

Zündkerze.

Der Motor scheint wieder auf allen Zylindern zu laufen, aber wenn eine Zündkerze durchbrennt, könnte es nur eine Frage der Zeit sein, bevor einer der Zylinder vollkommen ausfällt. Wenn das passiert, haben sie ernsthafte Schwierigkeiten. Ein toter Zylinder verbrennt das Öl und den Treibstoff nicht, die in ihn einfließen, sondern spuckt alles aus, und der Propeller schleudert es in ihre Gesichter. Bei einem Eindecker wäre das eine unangenehme Sache, weil es die Windschutzscheibe verschmiert und die Sicht behindert, aber in einem Doppeldecker mit offenen Cockpits ist es äußerst gefährlich. Sie haben nichts, womit sie sich davor schützen können, und da der Motor der Moth offen und gleich hinter dem Propeller liegt, wären sie direkte Zielscheiben, falls er plötzlich beschließt, sie zu besprühen. Sollte der Zylinder tatsächlich ausfallen, bliebe ihnen nichts anderes übrig, als zu landen und den Flug abzubrechen.

Und das passiert, nachdem Willa endlich aufgehört hat, davon zu träumen, daß der Motor aussetzt. Mit dem Kopf gegen den Rumpf gelehnt einschläft und entsetzt mit der Gewißheit aus dem Schlaf hochschreckt, daß der Motor nicht mehr läuft. Der Augenblick, der nötig ist, um die Stille, die sie zu hören meint, in das ununterbrochene, heisere Dröhnen des voll funktionierenden Motors zu übertragen.

Willa übernimmt um 15 Uhr das Steuer und fliegt die Moth behutsam entlang ihrer Bahn am Horizont. Sie ist naßgeschwitzt vom Schrecken, der sie ergriffen hat, als der Motor aussetzte. Sie schaut auf den Rücken von Grace O'Gorman. Dreh dich um, denkt sie, und Grace tut es. Sie starren einander über das schmale Metallstück an, das dünne Blech des Rumpfes, das sie in der Luft hält.

Laß es nicht enden, denkt Willa, die Augen auf Grace gerichtet. Beide sind sich des leichten Stotterns im endlosen Monolog des Motors nur allzu bewußt.

Ich will nicht landen.

Während des Auftankens um sechs Uhr morgens am sechzehnten Tag passiert ein Unfall. Es ist eben hell geworden, und Grace steht im Cockpit, wartet darauf, den Leinwandsack zu fangen, der aus der offenen Kabinentür des Eindeckers fällt. Das ist immer der nervenaufreibendste Moment, direkt vor dem Kontakt, bevor Seil und Schlauch eine Linie zwischen den beiden Flugzeugen bilden und sie miteinander verbinden.

Willa fliegt nach Gefühl, hält den Blick ständig auf die Unterseite des Auftankflugzeugs gerichtet, versucht, ihre Geschwindigkeit und Höhe seinen Bewegungen anzupassen. Jeden Tag scheint es schwerer zu werden, dieses Himmelsmuster präzise auszuführen.

Grace, die in ihrem Cockpit steht, hat gerade die Arme ausgestreckt, um das Bündel entgegenzunehmen, als ein plötzlicher Windstoß die Moth zur Seite drückt. Grace gelingt es, das Gleichgewicht zu halten, indem sie sich am Flügeltank festhält, aber weil sie jetzt die Hände nicht mehr frei hat, prallt das Bündel gegen das Flugzeug und reißt einen Teil der oberen Tragfläche auf. Grace kann den Sack irgendwie packen, bevor er die Flügelbespannung vollkommen zerreißt, aber der Schaden ist passiert. Während Grace die Treibstoffkanister auspackt und den Schlauch in den Einfüllstutzen des Tanks steckt, beobachtet Willa, wie der Wind an dem Riß zerrt und ihn vergrößert. Es sieht nicht so aus, als sei eine Strebe gebrochen, aber etwas muß geschehen, sonst reißt die Bespannung vollkommen ab und die Tragfläche wird zu stark beschädigt, um noch richtig zu funktionieren. Willa schätzt die Entfernung vom Rumpf zur Schadstelle ab. Sie befindet sich ziemlich nahe am Flügeltank, also könnte es möglich sein, auf der unteren Tragfläche zu stehen, dort, wo sie in den Rumpf übergeht, sich hochzurecken und vorzubeugen und so den Riß zu erreichen. Zu ihrer Ausrüstung gehört eine Dose flüssiger Klebstoff. Er ist im Gepäckfach hinter Willas Sitz verstaut. Sie könnte eines ihrer Hemden als Reparaturmaterial verwenden, da sie bestimmt keine Leinwand oder anderes Flickzeug dabeihaben.

Bis das Auftanken erledigt ist, hat Willa einen Plan entwickelt, wie sie an den Riß in der Tragfläche herankommt. Jack, der oben im Eindecker nichts gemerkt hat oder den es nicht kümmert, was passiert ist, zieht den Gummischlauch ein, und sein Flugzeug verläßt die Moth – das Paarungsritual ist vollendet. Nachdem Grace wieder sitzt, die Treibstoffkanister verstaut und Öl in den Motor gepumpt hat, tippt Willa ihr auf die Schulter, um sie auf sich aufmerksam zu machen und ihr zu bedeuten, daß sie sich umdrehen soll.

Sie zeigt auf den sich rapide vergrößernden Riß in der oberen Tragfläche, das im Luftschraubenstrahl flatternde Bespannungsmaterial. Sie deutet auf sich, macht eine Bewegung, als würde sie mit einem Malerpinsel Farbe auftragen. Grace nickt. Sie sieht erschöpft aus. Jedes Auftanken scheint sie mehr zu ermüden. Obwohl ihre Flugschicht direkt nach dem Auftanken beginnen soll, muß Willa sie oft noch eine Stunde schlafen lassen, damit sie wieder zu Kräften kommt.

Grace schaut Willa streng an, deutet über die Bordwand nach unten und packt dann den Rand ihres Cockpits mit beiden Händen.

»Der Weg nach unten ist weit. Sei vorsichtig.«

Willa reißt die Ärmel von ihrem Ersatzhemd ab. Den einen stopft sie hinter ihren Sitz. Den anderen will sie als Pinsel benutzen und schiebt ihn sich, zusammen mit dem übrigen Stoff, vorne in das Hemd, das sie trägt. Die Klebstoffdose liegt unter ihrem Kleiderbündel. Sie hebelt den Deckel mit einer Gabel auf. Da sie die Dose in der einen Hand halten muß, kann sie sich nur mit der anderen am Flugzeug festhalten. Sie steht auf. Grace drosselt die Geschwindigkeit. Der Wind ist nicht so schlimm wie am Tag zuvor, aber böig, was ihn gefährlicher macht. Willa öffnet die Backbordtür ihres Cockpits und läßt sie nach unten gegen den Rumpf fallen. Sie ergreift mit der linken Hand die Tragflächenhinterkante des oberen Flügels und tastet mit dem Fuß nach der Laufplanke auf der unteren Tragfläche. Noch ist sie halb im Flugzeug und halb draußen. Sie fliegen übers Wasser, und sie kann die weißen Schaumkronen der

Wellen sehen. Ihre Beine sind wie aus Gummi. Sie zieht sich auf die Tragfläche, hakt ihr rechtes Bein um die Spanndrähte, damit sie nicht abgleitet. Der Wind rüttelt an ihrem Körper. Als Tragflächenakrobatin wäre ich völlig ungeeignet, denkt Willa und wirft einen raschen Blick auf Grace, die neben ihr im Flugzeug sitzt. Grace schaut auf den Horizont, beide Hände fest am Steuerknüppel. Willa stellt die Klebstoffbüchse auf die obere Tragfläche und greift nach den Stoffstücken, die sie sich vorne ins Hemd gestopft hat. Vorsichtig zieht sie sie heraus, breitet das große Stück über das ausgezackte Loch und tunkt das kleinere in die Büchse. Das Zeug ist extrem klebrig, und innerhalb von Sekunden ist ihre Hand mit Klebstoff bedeckt und hängt an ihrem improvisierten Pinsel fest. Sie schmiert die Flüssigkeit auf das Hemdstück, verklebt es mit der glatten, unbeschädigten Bespannung der Tragfläche. Es wird zwar nicht hübsch aussehen, aber wenn sie jeden Zentimeter des Stoffes beschmiert, sollte es halten.

Kleber und Stoff, denkt Willa, während sie die dickflüssige Substanz über das Loch schmiert. Alles, was uns in der Luft hält, ist ein bißchen Kleber und Stoff, noch fragiler als der menschliche Körper selbst.

Grace faßt mit der Hand nach Willas Bein, als sie mit dem Flicken des Flügels fertig ist, und lenkt ihren Fuß zurück ins hintere Cockpit. Willas rechte Hand klebt an der Büchse, so daß sie sich keine Sorgen machen muß, sie versehentlich fallen zu lassen, während sie sich behutsam wieder in Sicherheit bringt. Ihr rechtes Bein gibt unter ihr nach, als es den Cockpitboden erreicht, und sie fällt schwer auf ihren Sitz, bringt das Flugzeug zum Wackeln. Etwas von dem Klebstoff ist auf ihren Arm gelaufen, und sie wird den Rest des Tages damit verbringen, ihn abzupulen. Das Zeug riecht und verhält sich ähnlich wie Nagellack und muß von der Haut gepult werden, wenn es hart wird.

Geschafft. Willa zieht die Cockpittür hoch und verschließt sie sorgfältig. Sie zittert am ganzen Leib, die Beine so stark, daß ihre Hacken auf den Cockpitboden trommeln. Mit einem Blick nach oben vergewissert sie sich, daß die obere Tragfläche immer noch eine Tragfläche ist, sich nicht aufribbelt wie ein Pullover, aus dem sich ein Faden gelöst hat. Ihr Körper fühlt sich an, als ob tausend kleine Feuer in ihm brennen.

Grace gibt ihr mit hochgerecktem Daumen zu verstehen, das alles bestens ist. Sie fliegen in geringer Höhe über der Stadt.

Willa bricht in Tränen aus.

Kurz vor der Morgendämmerung, als nur noch ein feiner Sprühregen fällt, stirbt der Motor ab. Willa ist am Steuer, fliegt über den See von Sunnyside her auf die Inseln zu. Alles passiert so schnell, so langsam. Das Motorengeräusch verändert sich plötzlich, die Luft, die am Rumpf entlangstreicht, und es dauert einen Moment, bis sie erkennt, was in der Geräuschkulisse fehlt. Sie spürt es körperlich, ein harter Schlag in den Magen, der ihr den Atem nimmt. Sie nimmt Gas weg, schiebt den Gashebel wieder vor. Nichts. Die Propellerblätter drehen sich träge, hängen schlaff in der Luft. Die Moth, die nur 360 Meter hoch fliegt, verliert an Höhe. Es scheint eine Ewigkeit zu dauern, bis Willa sich klarmacht, daß das Flugzeug landen muß. Im Gleitflug zum Flughafen zurückzukommen, dafür ist keine Zeit. Sie kann bereits die wellige Oberfläche des Sees erkennen. Die Bäume auf den Inseln befinden sich schon in gleicher Höhe mit dem Flugzeug. Sie muß die Moth geradeaus fliegen, vermeiden, daß sie ins Trudeln gerät und abstürzt. Willa kann nicht glauben, was passiert; langsam steigt Panik in ihr auf. Plötzlich bietet der Steuerknüppel ihr Widerstand.

Grace hat das Steuer übernommen.

Die Querruder sind unten, die Landeklappen ausgestellt, um die Geschwindigkeit des Flugzeugs zu drosseln. Grace hält auf den Strand der westlichen Sandbank zu. Er sieht leer aus bis auf eine kleine Menge ineinander verhakten Treibholzes oben an der Baumlinie. Willas Körper ist steif, starre Hände umklammern den Cockpitrand. Der Zündmagnet, denkt sie. Ist wahrscheinlich vom Regen naß geworden und hat einen Kurzschluß verursacht, und die ganze Zeit haben wir uns Sorgen um den Zylinder gemacht. Sie hört das Pfeifen des Windes in den Spanndrähten, sieht vor sich Grace' Hinterkopf, sieht das näher kommende Wasser, das langsame Drehen des Propellers, der nichts mehr ausrichtet.

Grace gleitet tief über den See. Sie streichen über das Wasser, und Willa merkt, daß sie zu tief sind. Ohne nachzudenken greift sie nach dem Steuerknüppel, zieht ihn zurück, um die Nase des Flugzeugs zu heben und den Gleitflug zu verlängern, damit sie es bis an den Strand schaffen. Die Sonne befleckt den Sand gerade mit dem ersten Licht. Willa spürt, wie der Rumpf über das Wasser schrammt. Sie umklammert immer noch den Steuerknüppel, als sie in den See krachen.

Zuerst hat sie das Gefühl, daß sie treiben. Das Flugzeug schwimmt auf dem Wasser, sie spürt, wie die Wellen gegen die Hülle schwappen. Sie schüttelt den Kopf.

Die Moth befindet sich parallel zum Strand. Sie muß sich gedreht haben, als sie ins Wasser stürzte, und ist jetzt nach Süden ausgerichtet. Die Nase ist oben, fast über dem Wasser, also muß der Schwanz zuerst aufgeprallt sein. Willa schaut nach hinten, wo ein Gewirr aus Drähten und der Achtersteven unter der Wasseroberfläche zu sehen sind. Der Rumpf hinter ihrem Cockpit ist halb unter Wasser. Die Tragflächen scheinen verbogen, aber noch intakt. Die Spanndrähte sind gerissen und baumeln von den oberen Tragflächen wie Fäden, die aus einem Mantel gezogen wurden.

Um sie herum herrscht eine unglaubliche Stille.

Nichts tut weh.

Grace.

Sie ist nach vorne über den Steuerknüppel gesunken und bewegt sich nicht, als Willa sie an der Schulter packt.

Grace.

Willa öffnet den Mund, um ihren Namen zu sagen, aber es kommt nichts raus. Sie versucht es erneut. Ihr Mund öffnet und schließt sich wortlos.

Vom Ufer her kommt das Zwitschern eines Vogels.

Die Morgendämmerung hat begonnen.

Willa versucht, ihre Backbordtür zu öffnen, aber sie hat sich verklemmt. Sie zieht sich hoch, hält sich an der oberen Tragfläche fest und klettert schwankend aus dem Cockpit auf die untere Tragfläche. Dann greift sie in Grace' Cockpit und zerrt sie vom Steuerknüppel weg. Grace kippt zur Seite, und Willa sieht das Blut auf ihrem Gesicht, den Schnitt über dem linken Auge. Sie schöpft Wasser aus dem See und spritzt es Grace ins Gesicht. Grace öffnet die Augen, schaut Willa an und macht den Mund auf. Kein Ton kommt heraus. Willa hebt den Arm und wischt etwas von dem Blut mit ihrem Ärmel ab. Grace sieht benommen aus, öffnet wieder den Mund, schließt ihn.

Kein Wort.

Langsam läßt sich Willa von der Tragfläche ins Wasser hinab. Sie müssen vom Flugzeug weg, bevor es sinkt. Sie streckt das Bein aus. Streckt es aus und kommt auf dem Boden auf.

Das Flugzeug treibt nicht, es steckt im Sand. Das Ufer scheint hier sehr flach abzufallen. Sie sind im Flachwasser, das Willa nur bis knapp übers Knie reicht. Sie watet ein bißchen herum, um sicherzugehen, daß sie nicht auf einer Sandbank aufgesetzt haben, daß es bis zum Ufer so flach bleibt. Ihre Beine fühlen sich vom Körper getrennt an, beinahe, als wären sie nicht da. Sie muß nach unten schauen, muß sich versichern, daß sie sich immer noch vorwärts bewegt, ihr die Beine nicht weggeknickt sind und sie zusammengebrochen ist.

Sie watet zurück zur Moth und zieht an Grace' Arm. Grace ist halb unter dem vorderen Teil des Flugzeugs verschwunden, zerrt an etwas in ihrem Gepäckfach. Sie holt einen schwarzen Kasten heraus.

Der Barograph.

Willa hat überhaupt nicht daran gedacht, den Barographen zu bergen. Ohne ihn gibt es keine offizielle Aufzeichnung des Fluges. Ohne ihn wissen sie nicht, wie lange sie in der Luft waren und ob sie den Rekord gebrochen haben. Grace verstaut den Barographen sorgfältig in ihrem Leinwandrucksack und reicht ihn Willa.

Grace hat ebenfalls Schwierigkeiten, sich aufrecht zu halten, fällt zweimal auf ihren Sitz zurück und muß halb aus dem Cockpit gezogen werden. Auch ihr wollen die Beine nicht gehorchen, und die beiden Fliegerinnen stolpern langsam durch das Wasser auf den Strand zu, Grace mit dem Arm um Willas Schultern. Sie stützt sich auf die jüngere Frau, wird mitgezogen. Willa trägt den Rucksack mit dem Barographen auf dem Rücken.

Ein Flügelschwirren erfüllt die Luft, als sich ein Vogelschwarm aus den Bäumen hebt. Willa schaut auf und sieht ein Mädchen am Rand des Wassers stehen. Sie streckt ihnen die Hände entgegen, als wäre ihr Stolpern durchs Wasser eine Art Taufe, als hätte sie die Hände zu einem Segen erhoben. »Ich habe auf euch gewartet«, sagt sie.

BERYL MARKHAM

Das Gesicht der Wildnis

Beryl Markham (1902–1986), die schon als Kind nach Kenia kam, war nicht nur begeisterte Fliegerin, sondern auch eine begabte Trainerin für Rennpferde. In Afrika machte sie sich einen Namen als Buschpilotin und Postfliegerin, doch weltberühmt wurde sie erst 1936 durch ihren Flug über den Atlantik von Ost nach West, den vor ihr nur eine Frau – Amelia Earhart, 1932 – solo überquert hatte, allerdings in umgekehrter Richtung. In ihrem Buch »Westwärts mit der Nacht« berichtet sie nicht nur von diesem Flug, sondern auch von einer dramatischen Rettungsaktion im afrikanischen Busch. Ernest Hemingway sagte über Beryl Markham: »Ihre Bücher sind phantastisch, weit wichtiger als meine eigenen Romane.«

Rund tausendmal bin ich mit meiner Maschine vom Flugplatz in Nairobi gestartet, und wenn sie vom Boden abhob, spürte ich stets die pulsende, prickelnde Ungewißheit und Erregung des immer wieder neuen Abenteuers.

Der Auftrag, der mich nach Nungwe führte, wurde mir gegen ein Uhr morgens, vom Muthaiga Country Club aus, in mein kleines Cottage im nahe gelegenen Eukalyptushain übermittelt.

Die Botschaft war kurz. Man bat darum, per Flugzeug eine Sauerstoffflasche zur Siedlung in Nungwe zu befördern, und zwar umgehend, zwecks Behandlung eines mit dem Tode ringenden Mannes, der an einer Lungenkrankheit litt. Die Bitte war mit einem Namen unterzeichnet, den ich noch nie gehört hatte, und ich weiß noch, wie ich dachte, daß ein irgendwie anrührender Optimismus dazu gehörte, eine solche Meldung überhaupt zu schicken: Sie konnte mich nur über die Telegrafenstation bei Mwanza erreicht haben, und die lag rund 160 Kilometer von Nungwe entfernt, so daß die Botschaft zweifellos durch eingeborene Läufer überbracht worden war. In den zwei oder drei Tagen, die das gedauert hatte, mußte der Mann, der den Sauerstoff brauchte, entweder gestorben sein oder aber einen übermenschlichen Selbstbehauptungswillen bewiesen haben.

Soweit ich weiß, war ich damals die einzige Berufsfliegerin in Afrika. In Kenia gab es für mich, was selbständige, sprich freiberufliche Piloten oder Pilotinnen betraf, keine Konkurrenz, und solche Aufträge – in der Regel allerdings weniger dringend und dramatisch – kamen in genügend großer Zahl, um mich zu den meisten Tagen und in viel zu vielen Nächten beschäftigt zu halten.

Nachtflüge über bekanntem Territorium können trotz Instrumenten und Anweisungen über Funk noch immer eine einsame Angelegenheit sein; aber in dichter Dunkelheit zu fliegen ohne den kalten Trost des Kopfhörers oder das Bewußtsein, daß irgendwo vorne die Lichter und das Leben eines gut gekennzeichneten Flugplatzes auf einen warten, ist ein wenig mehr als nur einsam. Mitunter besitzt es einen Grad von Unwirklichkeit, daß man meint, der Existenz anderer Menschen hafte etwas Unwahrscheinliches an. Die Hügel, die Wälder, die Felsen und die Ebenen sind eins mit der Dunkelheit, und die Dunkelheit ist unendlich. Die Erde ist genausowenig der Heimatplanet wie irgendein ferner Stern – so denn irgendwo ein Stern glänzt. Das Flugzeug ist der Planet, auf dem man lebt, und man ist sein einziger Bewohner.

Vor einem solchen Flug war es dieser Gedanke an das Alleinsein – und weniger die Vorstellung von irgendeiner physischen Gefahr –, der mir ein bißchen Angst machte, und manchmal fragte ich mich, ob mein Job wohl wirklich der beste auf der ganzen Welt sei. Stets gelangte ich zum selben Schluß: Ob nun einsam oder nicht – jedenfalls haftete ihm nichts an vom Fluch der Langeweile.

Unter normalen Umständen hätte ich in weniger als einer halben Stunde auf dem Flugplatz sein müssen, um in Richtung Nungwe zu starten; statt dessen war ich mit einem Problem konfrontiert, das viel zu schwierig schien, um im halbwachen Zustand und noch dazu um ein Uhr nachts gelöst zu werden. Es handelte sich um eines jener Probleme, für die es keine Lösung zu geben scheint – und eigentlich auch gar nicht gibt; die jedoch, sobald sie sich in einem festsetzen, nicht zu umgehen oder zu ignorieren sind.

Ein Pilot, ein Mann namens Wood, der für East African Airways flog, hatte irgendwo in den weiten Ebenen der Serengeti notlanden müssen und wurde seit zwei Tagen vermißt. Für mich und für all seine Freunde war er ganz einfach Woody – ein guter Flieger und ein liebenswerter Mensch. Er war eine vertraute Gestalt in Nairobi, und wenn schon die Nachricht von seinem Verschwinden zunächst auch keine große Aufmerksamkeit erregt hatte, so änderte sich das mit einem Schlag, als klar wurde, daß er nicht einfach überfällig war, sondern als verschollen gelten mußte. Das erregte beträchtliches Aufsehen, was zum Teil wohl seinen Grund in der Lust des Publikums an Spannung und Melodrama hatte: an beidem herrschte in Nairobi nur selten Mangel.

Auf das stärkste Mitgefühl stieß Woodys Unglück natürlich bei jenen, die ihm beruflich verbunden waren. Damit meine ich keineswegs nur Piloten. Wenige Menschen wissen, wie sehr einen verantwortungsbewußten Bodenmechaniker Besorgnis und Beklemmung martern können, wenn ein Flugzeug, das er zum Start freigegeben hat, nicht zurückkehrt. Er denkt beileibe nicht immer daran, als Ursache dafür schlechtes Wetter oder einen möglichen Fehler von seiten des Piloten zu erwägen. Statt dessen quält er sich mit unbeantwortbaren Fragen nach Verdrahtung, Kraftstoffleitungen, Vergaser, Ventilen und all den hundert Dingen, die er zu bedenken hat. In diesem Fall, so fürchtet er, muß er wohl irgend etwas übersehen haben – irgendeine kleine, doch lebenswichtige Regulierung, die, durch seine Nachlässigkeit, den Absturz eines Flugzeugs und den Tod eines Piloten zur Folge hatte.

Alle Angehörigen des Bodenpersonals, und mag der Flugplatz, auf dem sie arbeiten, auch noch so schlecht ausgerüstet und beengt sein, empfinden die gleiche nervliche Anspannung und Besorgnis schon beim leisesten Anzeichen, das auf ein Unglück schließen läßt.

Mochte es ein Sturm oder ein Motorschaden oder was immer sonst sein, Woody blieb jedenfalls verschwunden, und so war ich während der letzten beiden Tage über dem nördlichen Teil der Serengeti und der halben Massai-Reservation hin und her gekreuzt, ohne auch nur eine Spur von Signalrauch oder das winzigste Glänzen reflektierten Sonnenlichts auf einer verkrümmten Tragfläche ausmachen zu können.

Die Besorgnis wuchs, schlug sogar um in Düsterkeit, und ich hatte damit gerechnet, bei Sonnenaufgang wieder loszufliegen, um die Suche fortzusetzen; doch hier war nun plötzlich die Botschaft aus Nungwe.

Für alle Berufspiloten gibt es eine Art Gilde ohne schriftliche Satzung oder Statuten. Um ihr anzugehören, braucht es nichts weiter als ausreichende Kenntnis der Windverhältnisse, des Kompasses, der Steuerung sowie ein Gefühl der Kollegialität. Es handelt sich um eine Kameradschaft ohne Sentimentalitäten – um ein Zusammengehörigkeitsbewußtsein, wie es wohl jene Männer empfanden, die einst auf Segelschiffen unbekannte Meere befuhren.

Ich war mein eigener Arbeitgeber, mein eigener Pilot und oft genug auch mein eigener Mechaniker. Es wäre mir daher ein leichtes gewesen, den Flug nach Nungwe abzulehnen mit dem Argument, die Suche nach dem vermißten Piloten sei wichtiger – was sie für mich ja auch war. Aber eine solche Begründung war zweifellos von persönlicher Sympathie geprägt, so daß sie einen guten Teil ihrer Überzeugungskraft verlor, und Woody, den ich so wenig und dennoch so gut kannte, daß ich mir – wie die meisten seiner Freunde – nie die Mühe machte, mir seinen ganzen Namen zu merken, wäre gewiß der erste gewesen, der eine Entscheidung zurückwies, die ihm den Vorzug gab auf Kosten eines unbekannten Grubenarbeiters, der sich im Sumpfgelände von Viktoria Nyanza die Lunge aus dem Hals hustete.

Schließlich rief ich das Nairobi Hospital an, bat um eine Sauerstoffflasche und bereitete alles für den Flug nach Süden vor.

500 Kilometer, in einem Flugzeug zurückgelegt, können so gut wie nichts sein; mitunter jedoch dehnen sie sich wie bei einer Reise bis ans Ende der Welt. Das hängt von so vielen Umständen ab. Fliegt man bei Nacht, so kommt es auf die Tiefe der Dunkelheit und auf die Höhe der Wolken an, auf die Windgeschwindigkeit, die Sterne, die Leuchtkraft des Mondes. Und wenn man allein fliegt, kommt es auf einen selber an – nicht nur, was die Fähigkeit betrifft, den Kurs und die Höhe zu halten, sondern auch wegen der Gedanken und Bilder, die das Gehirn durchkreisen, während man dahinschwebt, dahinstrebt zwischen der Erde und dem stummen Himmel. Manche dieser Gedanken und Bilder verwurzeln sich, sie begleiten einen noch, wenn der Flug selbst schon Erinnerung ist; hat der Kurs allerdings über irgendeinen Teil Afrikas geführt, so wird auch die Erinnerung daran stark und lebendig bleiben.

So befinde ich mich denn auf dem Weg nach Nungwe – ein seltsamer Name, ein seltsamer Ort. Ein Ort der kleinen Hoffnungen und der kleinen Erfolge, verborgen, gleichsam vergraben wie der belanglose Schatz eines krankhaften Geizhalses, weitab von den Wohnstätten und den Wünschen der meisten Menschen – jenseits des Mau Escarpment, jenseits des Speke Golfs, jenseits der unvermessenen Weiten der Western Province.

Oxygen für einen kranken Grubenarbeiter. Doch dieser Flug hat nichts Heroisches. Er ist nicht einmal romantisch. Es handelt sich um einen Auftrag, um einen Job: um einen Job, der zu einer unbequemen Zeit getan werden muß, wo ich noch Schlaf in den Augen habe und auf den Lippen ein halbes Murren.

Ich spähe die schmale Startbahn entlang. Gewinne an Geschwindigkeit, als ich auf den Wind treffe, ihn mir zunutze mache.

Ein hoher Drahtzaun umgibt den Flugplatz – ein Drahtzaun und dann ein tiefer Graben. Wo sonst noch gibt es einen Flugplatz mit einem Schutzzaun gegen wilde Tiere? Zebras, Wildebeests, Giraffen, Elenantilopen. Nachts schleichen sie bei der hohen Umgrenzung herum und starren aus neugierigen, wilden Augen auf das flache Feld; fühlen sich betrogen. Doch es ist gut, daß der Schutz da ist, für sie wie für mich. Es wäre ein peinliches Schicksal, in die Erinnerung meiner Freunde einzugehen als jemand, der über ein umherschweifendes Zebra gestrauchelt ist. »Hat versucht abzuheben und ist dabei gegen ein Zebra geprallt!« Da hätte selbst eine Bruchlandung in einem Ameisenhaufen mehr Würde.

Behalte den Zaun im Auge. Behalte die Markierungsfackeln im Auge. Es gelingt mir, und ich hebe ab in die Nacht.

Vor mir liegt ein Land, das der übrigen Welt unbekannt ist und von dem selbst der Afrikaner nur eine vage Kenntnis besitzt – ein sonderbares Gemisch aus Grasflächen, Buschwerk und Wüstensand, der die Form langgezogener Meereswogen hat; und Wälder, wieder Wasser und uralte Berge, so kalt und hart wie Gebirge auf dem Mond; und Salzseen und Flüsse ohne Wasser. Sümpfe. Badlands. Land ohne Leben. Land, das vor Leben strotzt. Herrührend aus staubiger Vergangenheit. Hinweisend in die Zukunft.

Die Luft nimmt mich auf in ihr Reich. Nacht umhüllt mich rundum und trennt mich ganz von der Erde, überläßt mich meiner kleinen, dahinstrebenden Welt, zusammen im unendlichen Raum mit den Sternen.

Mein Flugzeug ist ein leichtgewichtiger Zweisitzer mit türkisblauem Rumpf, auf dem in Silberlettern die Kennzeichnung prangt: VP-KAN.

Bei Tageslicht ist die Maschine ein kleiner, fröhlicher Tupfer im Himmelsblau. Sie gleicht einem glänzenden Fisch im klaren Wasser eines stillen Sees. Doch in der Dunkelheit, so wie jetzt, ist sie nichts mehr als ein flüchtiges Murmeln, ein leises, fremdartiges Murmeln über der Erde.

Die Silberlettern auf ihrem Rumpf machen es meinen Freunden leicht, einen Spitznamen für sie zu finden, und so nennt man sie immer bloß »die Kan« – und die Kan ist sie, sogar für mich. Doch drückt sich darin keine Geringschätzung aus, denn ein Name wie dieser entspringt dem Gefühl der Liebe.

Für mich ist sie ein lebendes Wesen, ein sprechendes Wesen. Unter meinen Füßen auf dem Seitenruderhebel spüre ich das willige Spannen und Beugen ihrer Muskeln. Die gutturale Stimme ihrer Auspuffgase besitzt das Timbre, das eine schärfere Resonanz hat als Holz und Stahl, lebenssprühender als Drähte und Funken und stampfende Kolben.

Sie spricht zu mir, jetzt, und sagt, der Wind sei richtig und die Nacht nicht übel, die von ihr verlangte Leistung könne sie ohne große Mühe bringen.

Ich fliege schnell. Ich fliege hoch – südsüdwestlich über die Ngong Hills hinweg. Ich bin entspannt. Meine rechte Hand ruht auf dem Steuerknüppel, in müheloser Kommunikation mit dem Willen und dem Weg der Maschine. Ich sitze hinten, denn im vorderen Cockpit befindet sich die schwere Sauerstoffflasche, aufrecht am Sitz angeschnallt, und ihre steifen, oben gewölbten Umrisse erinnern mich närrischerweise an die verkrampfte Haltung eines Passagiers, der seinen ersten Flug absolviert.

Der Wind in den Drähten klingt wie das Zerreißen weicher Seide und vermischt sich mit den Geräuschen des Motors und des Propellers. Zeit und Raum gleiten vorbei an den Enden meiner Flügel, ohne den leisesten Laut, ohne Wiederkehr, indes ich hinabspähe auf die nachtschattigen Senken und Mulden des Rift Valley und mich frage, ob sich Woody dort befinden könnte, ein winziges menschliches Staubkorn der Hoffnung und der Hoffnungslosigkeit, voll Verzweiflung lauschend auf das leise, gleichgültige Land des Vogels dort oben – der einem anderen Ziel entgegenfliegt.

Nach einem Flug durch die Dunkelheit stellt sich das Gefühl des Endgültigen, Unwiderruflichen ein. Die Ordnung der Dinge, mit der man vertraut war während der Stunden unaufhörlichen Dröhnens in einem von der Erde losgelösten Element, sie endet abrupt. Die Maschine strebt erdwärts, die Tragflächen spüren den Druck der dichteren, bodennahen Luft, die Räder setzen auf, und der Motor verstummt. Der Traum des Fliegens ist plötzlich zerstoben vor den irdischen Realitäten: dem wachsenden Gras und dem wirbelnden Staub, dem schweren Schritt der Männer und der zähen Geduld wurzelfester Bäume. Wieder ist einem die Freiheit entglitten, die Flügel, die noch vor einem Augenblick nichts weniger als Adlerschwingen waren, nur schneller, sind nun wieder Tragflächen aus Holz und Metall, nicht mehr schwerelos, sondern erdenschwer.

Etwa eine halbe Stunde vor Tagesanbruch kam die Lichtung bei Nungwe in Sicht. Aus einer Höhe von 300 Metern erkannte ich die durch Rohölfackeln markierte schmale Landebahn – eine dünne Narbe auf dem weitgestreckten Leib der Wildnis.

Ich kreiste einmal, beobachtete die brennenden Fackeln im aufkommenden Wind, schätzte seine Richtung ab. Unten auf der Lichtung sah ich die kreuz und quer huschenden Schatten von Männern, wechselnde, verwobene Muster, jetzt bewegungslos verharrend.

Ich drosselte den Motor, bis er fast nur noch schnurrte, drückte die Nase der Maschine tiefer und richtete sie nach den Landemarkierungen aus. Unter ihrem Rumpf flitzte die Erde dahin, und die wie tastend vorgestreckten Räder faßten festen Grund und jagten über die Landebahn inmitten einer Hülle aus strudelndem Staub und flackerndem, orangefarbenen Licht. Ich stellte den Motor ab, entspannte meinen Körper und versuchte, meine Ohren an die plötzliche Stille zu gewöhnen, an die Leere.

Von Nungwe flog ich in Richtung Rothschilds Camp, weil diese Stelle auf Woodys Flugroute lag, von Shinjaga in West-

Tanganjika nach Nairobi, und mir war klar, daß er, lebend oder tot, nicht weit von seinem Kurs zu finden sein würde – falls überhaupt.

Er flog eine deutsche Klemm, einen Eindecker, der mit einem britischen Pobjoy-Motor mit 95 PS ausgerüstet war. Wenn diese Kombination in einem solch weiten und unkalkulierbaren Gebiet irgendeinen Vorteil hatte, so bestand dieser darin, daß die ungewöhnliche Spannweite der Tragflächen einen langen Gleitflug und ein langsames Landetempo ermöglichte.

Schnelligkeit, große Reichweite und Widerstandsfähigkeit bei rauhem Wetter gehörten hingegen nicht zu den Tugenden der Klemm. Weder das Flugzeug selbst noch der Motor, mit dem sie ausgestattet war, taugten zu mehr als zu Gelegenheitsflügen über bewohntem, gut vermessenem Territorium, und die Tatsache, daß die East African Airways die Maschine sowohl für Boten- wie Transportzwecke verwandten, war für uns in Kenia, die wir von der Fliegerei lebten, ein recht deutlicher Hinweis darauf, daß man ziemlich rigoros auf alter »Pionier-Tradition« beharrte.

Die verfügbaren Luftkarten von Afrika, die damals benutzt wurden, trugen alle dieselbe Angabe für den Maßstab – 1:2 000 000 – eins zu zwei Millionen. Ein Inch auf der Karte bedeutete ungefähr 32 Meilen Luftlinie, während auf den entsprechenden Karten von Europa ein Inch nicht mehr als vier Luftmeilen darstellte. Überdies hatten die Drucker der Luftkarten von Afrika die sehr irritierende Gewohnheit, die Namen von Städten, Dörfern, Knotenpunkten mit ziemlich großen Buchstaben sichtbar zu machen; und wenn die meisten dieser Orte auch tatsächlich existierten, so wie beispielsweise eine Gruppe schilfgedeckter Hütten oder auch ein Wasserloch existiert – allzu häufig erwiesen sie sich als derart unbedeutend, daß sie vom Cockpit aus beim besten Willen nicht auszumachen waren.

Noch beunruhigender wirkte es, wenn man vor Antritt eines Flugs die Luftkarten studierte und dabei entdeckte, daß ein großer Teil des Territoriums, das man überfliegen mußte, deutlich markiert war mit: UNVERMESSEN.

Es war, als hätten die Kartenhersteller gesagt: »Es ist uns bewußt, daß zwischen dem Punkt, von dem Sie abfliegen und dem, wo Sie hinwollen, mehrere hunderttausend Hektar liegen, doch bevor *Sie* dort eine Notlandung machen, werden wir nicht wissen, ob es Sumpf, Wüste oder Dschungel ist – und vermutlich werden wir's auch *danach* nicht wissen!«

All dies im Verein mit der Tatsache, daß es keinen Funk gab oder sonst irgendein System, um Ankunft und Abflug von Flugzeugen bei ihren Kontaktpunkten zu überprüfen oder zu registrieren –: All dies machte es für den Piloten existenznotwendig, einen bis zum Höchstmaß gesteigerten Sinn für Intuition zu entwickeln oder aber eine fatalistische Philosophie gegenüber dem Leben. Die meisten Flieger, die ich damals in Afrika kannte, schafften beides.

Zum Glück hatte ich, als ich mich von Nungwe aus auf die Suche nach Woody machte, klares Wetter und gute Sicht. Ich blieb in einer Höhe von rund 1600 Metern, da sich auf diese Weise die Weite und die Schärfe der Sicht am günstigsten verband, und flog eine Art Zickzackkurs.

Vom offenen Cockpit aus konnte ich nach vorn wie nach hinten blicken und auch nach unten, an den silbernen Tragflächen vorbei. Die Serengeti lag unter mir wie eine Schale, deren Ränder die Begrenzung der Erde bildeten. Sie war eine Schale voll heißer Dämpfe, die in sichtbaren Wellen aufwärts stiegen und gegen die Avian physischen Druck ausübten. Sie hoben die Maschine, wie die Hitze eines schwelenden Feuers ein Aschenstäubchen hebt.

Immer wieder geschah es, daß ein Fels oder ein Schatten in meiner Phantasie die Gestalt eines zerschmetterten Flugzeugs oder eines Haufens aus verbogenem Metall annahm, und dann kurvte ich tiefer und tiefer, bis die Umrisse des fraglichen Objekts unverkennbar waren – und eine Enttäuschung mehr. Jede fremdartige Winzigkeit in der Landschaft wurde zu einem Klemm-Eindecker, den eine Katastrophe ereilt hatte, und jedes vom Wind bewegte Geäst oder Buschwerk war, für einen kurzen Augenblick, ein aufgeregt winkender Mann.

Gegen Mittag erreichte ich Rothschilds Camp und begann darüber zu kreisen. Aber dort war kein Leben – nicht einmal die kompakte, sich langsam bewegende Silhouette eines Löwen. Dort war nichts als das Gebilde aus hohen, grauen Felsen, die aus dem Boden aufzuragen schienen, wie die verwitterten Ruinen einer Wüstenkathedrale.

Ich drehte in nordöstlicher Richtung, während steil über mir die Sonne ihre sengenden, mittäglichen Strahlen zur Erde sandte.

Gegen zwei Uhr nachmittags war ich fertig mit der Suche im Gebiet um den Uaso Njiro River, der südwärts fließt, an den großen Salzbecken von Magadi vorbei und weiter zum Salzsee.

Das schmale Tal des Flusses ausgenommen, gleicht das Land hier einer gewellten Wüste – oder einem wogenden Meer, mitten in der Bewegung erstarrt. Auf dem weißen, krustenartigen Untergrund wäre nicht nur ein Flugzeug deutlich sichtbar, sondern sogar ein so kleiner Gegenstand wie ein Pilotenhelm. Doch nichts dergleichen fand sich. Es gab kaum einen Schatten, außer meinem eigenen.

Ich setzte meinen Flug in nördlicher Richtung fort. Ein wachsendes Schlafbedürfnis stieg in mir auf, dessen eigentliche Ursache jedoch keineswegs Erschöpfung war. Was am stärksten beiträgt zum Gefühl der Einsamkeit, wenn man Stunde um Stunde über einer solch leeren Landschaft fliegt, ist das Fehlen von Rauch am Horizont. Eine Rauchspirale am Tag wirkt wie ein Lichtstrahl bei Nacht. Vielleicht sichtet man den Rauch ein deutliches Stück abseits des eigenen Kurses, und möglicherweise handelt es sich um den kläglichen Qualm eines Lagerfeuers der Massai, die der einsame Flieger genausowenig bekümmert wie die Sorgen von morgen, doch es ist ein Lebenszeichen: Es ist ein Zeichen von menschlichem Leben, ähnlich wie ein Fußabdruck oder ein Streichholz irgendwo im Sand.

Aber wenn es auch keinen Rauch gab, der die Stelle eines Herdes oder eines Lagers markierte, so gab es doch wenigstens andere Zeichen des Lebens, zwar nicht des menschlichen Lebens, aber dennoch kaum weniger willkommen.

An hundert verschiedenen Stellen – so weit mein Blick reichte; und in allen Richtungen – erwachten urplötzlich winzige Staubwölkchen zum Leben und rollten über die Ebene hin und verschwanden wieder. Aus der Luft sah es aus, als hätten zahllose Teufelchen sich davongemacht aus der Flasche oder dem Krug, worin sie gefangen gewesen waren, um nun, vom Wind getragen, dahinzueilen und eine längst geplante böse Tat zu verüben, oder vielleicht eine gute.

Doch wenn sich die Staubwölkchen verzogen, konnte ich erkennen, daß kleine Gruppen von Tieren in diese Richtung rannten oder in jene, und daß sie rundum Ausschau hielten, jedoch nie nach oben spähten, während sie versuchten, den Geräuschen des Flugzeugs zu entkommen.

Zwischen Magadi und Narok sah ich, wie unter mir und ein kleines Stück voraus eine gelbe Wolke Gestalt annahm. Sie blieb dicht über der Erde und wuchs, als ich mich ihr näherte, zu einem wabernden Gewölk, welches das Sonnenlicht trübte und das Gras und die Mimosenbäume auf seiner Bahn verdunkelte.

Ganz vorn, wie ein Keil an der Spitze einer riesigen Herde, flohen Schwarzfersenantilopen, Weißschwanzgnus und Zebras vor dem Schatten meiner Maschine. Ich kreiste, nahm Fahrt weg und verlor Höhe, bis mein Propeller in den Ausläufern der Staubwolke rotierte und Sandpartikel in meiner Nase zu brennen begannen.

Während die Herde sich voranbewegte, wurde sie für meinen Blick eine Art Teppich aus Rostbraun und Grau und stumpfem Rot. Sie glich weder einer Vieh- noch einer Schafherde, weil sie wild war und das Merkmal der Wildnis mit sich trug: der Freiheit eines Landes, das noch immer weit eher ein Besitz der Natur als der Menschen ist. Zehntausend Tiere zu sehen, die ungezähmt sind und nicht gebrandmarkt mit den Symbolen menschlichen Krämergeistes, das ist wie die Besteigung eines unbezwungenen Berges oder wie die Entdeckung eines Waldes ohne Straßen und Wege und ohne die Narben einer Axt. Dann begreift man erst richtig, was man so oft schon gehört hat – daß die Welt einst lebte und wuchs ohne Rechenmaschinen und Zeitungen, ohne asphaltierte Straßen und die Tyrannei der Uhren.

Was für ein zielloses Träumen! Das Brummen des Flugzeugs, die sengende Sonne, der weite Horizont, all dies zusammen hatten mich für eine Weile vergessen lassen, daß die Zeit schneller war als ich, daß der Nachmittag sich seinem Ende zuneigte und sich nirgends ein Zeichen von Woody fand.

Während der fünf oder zehn Minuten, in denen ich beobachtet hatte, wie sich die Wildherde, gleich einer Invasion von Barbaren, über die Ebene ausbreitete, hatte ich unbewußt – und beinahe in ihrer Mitte – ein teichähnliches Gewässer wahrgenommen, so hell, so glänzend wie ein Splitter aus der Zunge eines Gletschers.

Ich wußte, daß das Land hier, trotz seines dürrebeständigen Grases, fast das ganze Jahr über trocken war. Ich wußte, daß die Wasserlöcher, auf die man gelegentlich stieß, trüb und braun waren, aufgewühlt von den Füßen der wilden Tiere, die dort zur Tränke gingen. Doch das Wasser, das ich gesehen hatte, war nicht braun gewesen; es war klar und reflektierte kraftvoll und scharf das grelle Licht der Sonne.

Eine Dämmerung gibt es in Ostafrika nicht. Hart folgt die Nacht dem Tag auf den Fersen und nimmt seinen Platz ein, in strengem und humorlosem Schweigen. Alles, was in der Sonne lebt, verstummt sehr bald – und es verstummen auch die Geräusche schweifender Flugzeuge, sofern ihre Piloten die nötigen Lektionen gelernt haben: über nächtliches Wetter, über Entfernungen, die einfach nicht schrumpfen wollen, und über die Heimtücke von Landefeldern, die bei Tage wie Flughäfen aussehen, in der Dunkelheit jedoch wie vom Erdboden verschluckt sind.

Ich sah, wie von den Felsen her kleine Schatten krochen; sah, wie Vögel in schwarzen Scharen heimwärts strebten zum verstreuten Busch; und ich begann, an mein eigenes Zuhause zu denken, an ein warmes Bad und ein ordentliches Essen. Das Gefühl der Hoffnung ist beharrlich, über jegliche Vernunft hinaus, aber da der Nachmittag schon so weit vorangeschritten war, ließ sich beim besten Willen nicht damit rechnen, Woody jetzt vielleicht noch zu finden. Falls er noch am Leben war, würde er bei Nacht natürlich ein Feuer entzünden, doch mein Kraftstoff nahm rapide ab, Reserven hatte ich nicht – und ich sehnte mich nach Schlaf.

Ich war gerade dabei, einen östlichen Kurs einzuschlagen, in Richtung auf Nairobi, als mir plötzlich der Gedanke kam, daß es sich bei dem Gewässer, über das ich so achtlos hinweggeflogen war, keinesfalls um Wasser handelte, sondern vielmehr um die silbrigen Tragflächen eines Klemm-Eindeckers, welche das Licht der Sonne reflektierten.

Genaugenommen war es gar kein richtiger Gedanke, und noch weniger war es eine jener blitzartigen Offenbarungen, wie sie sich so fürsorglich bei geplagten Romanhelden einzustellen pflegten. Es war nicht mehr als eine Ahnung. Doch welcher Pilot wäre so töricht, seinen Instinkt zu ignorieren? Ich jedenfalls nicht. Im übrigen wußte ich nie, wo die Inspiration anfängt und der Impuls aufhört. Vermutlich entscheidet darüber ganz simpel das Resultat. Erweist sich die Ahnung als richtig, so war man inspiriert; erweist sie sich als falsch, so hat man einem unsinnigen Impuls nachgegeben.

Doch solchen Überlegungen hing ich nicht weiter nach. Schon hatte ich meinen Kurs abermals geändert, an Höhe verloren und wieder Fahrt aufgenommen. Ich jagte gleichsam mit den Schatten um die Wette. Es war wie ein freundschaftliches Spiel zwischen der Sonne und mir.

Währenddessen wurde meine Vermutung zur Überzeugung. Nichts auf der Welt, grübelte ich, konnte reflektierendem Wasser so sehr zum Verwechseln gleichen wie die Tragflächen von Woodys Flugzeug. Ich erinnerte mich, wie hell sie geglänzt hatten nach ihrem letzten Anstrich, der ihnen ein silbriges oder stählernes Aussehen verlieh. Dabei bestanden sie nur aus dünnem Holz und Tuch und getrocknetem Leim.

Die Täuschung hatte Woody sehr amüsiert: »Alles aus Metall«, hatte er, mit dem Daumen auf die Klemm weisend, gesagt. »Alles aus Metall – ausgenommen bloß die Tragflächen und der Rumpf und der Propeller und dergleichen Sächelchen. Aber alles übrige ist aus Metall – sogar der Motor.«

Sogar der Motor! – für uns war das genausosehr ein Witz wie für die tückischen Winde von Äquatorialafrika; ein Spielzeugmotor mit geschäftigem Getue und einer gleichsam überschnappenden Stimme; ein hysterischer Motor, der nun vielleicht schuld war an dem Unheil, das wir, Woodys und unseren eigenen Schmerzen zum Trotz, alle gefürchtet hatten.

So gut wie mit Sicherheit schuld, dachte ich, denn dort war endlich, wonach ich gesucht hatte – nicht irgendein Teich oder ein anderes Gewässer, sondern – unverkennbar diesmal – die Klemm, die wie ein abgeschossener Vogel auf dem Boden zu kauern schien, nicht zerschmettert, doch leblos und allein, neben sich kein Feuer, nicht einmal einen Stecken mit einem flatternden Fetzen.

Ich verlangsamte und zog spiralenförmige, tiefer strebende Kreise.

Vielleicht hätte ich, in diesem Augenblick, ein frommes Gebet für Woody auf den Lippen haben sollen, doch ich hatte keines. Ich fragte mich nur, ob er wohl verletzt worden war und von einigen Massai Muranis in ein »manjatta« geschafft worden sein mochte; oder ob er, törichterweise, im weglosen Land umhergewandert war, auf der Suche nach Wasser und Nahrung. Ich glaube, ich verfluchte ihn sogar ein wenig, denn als ich in einer Entfernung von etwa 150 Meter von der Klemm dahinglitt, konnte ich erkennen, daß die Maschine, zumindest äußerlich, völlig intakt schien.

In einem solchen Augenblick kann es zu einem sonderbaren Durcheinander von Gefühlen kommen. Die plötzliche Erleichterung über den Anblick der intakten Klemm mischte sich mit der um so größeren Enttäuschung darüber, daß Woody nicht in ihrer Nähe war, ausgehungert und halbverdurstet vielleicht, aber doch jedenfalls lebendig.

Die Regel Nummer eins bei Notlandungen sollte lauten: »Gib das Schiff nicht auf.« Das hätte gerade Woody wissen müssen, und natürlich wußte er es auch, doch wo war er?

Beim erneuten Kreisen sah ich, daß trotz einiger Erdlöcher und verstreuter Steinbrocken eine Landung möglich sein würde. Rund 30 Meter von der Klemm gab es einen Streifen Land mit kurzem, dürrem Gras. Von der Luft aus schätzte ich die Länge des Streifens auf ungefähr 150 Meter – eigentlich nicht lang genug für ein Flugzeug ohne Bremsvorrichtung, doch mochte es unter den Umständen gehen, da der Gegenwind den Landeanflug der Avian verlangsamen würde.

Wieder nahm ich Fahrt weg und ließ dem Propeller gerade genügend Umdrehungen, um die Maschine für die Landung auf so begrenztem Raum stabil zu halten. Während ich ausschwebte, ließ ich das Schwanzende sacht von Seite zu Seite schwingen, um den Boden unter mir soweit wie möglich im Auge behalten zu können, auf diese Weise gelang es mir, überraschend glatt zu landen. Gleichzeitig machte ich mir jedoch klar, daß der Start, zumal mit Woody an Bord, wohl weitaus schwieriger sein würde.

Doch Woody war nirgends zu sehen.

Ich kletterte aus dem Cockpit, holte meine verstaubte und verbeulte Wasserflasche hervor und ging zu der Klemm, die bewegungslos und gleißend im späten Sonnenlicht stand. Ich betrachtete die Tragflächen, konnte jedoch keinerlei Schaden entdecken. Ja, dort stand sie, zerbrechlich und weiblich, und rastete auf dem rauhen, grauen Boden, allem Anschein nach völlig unversehrt, mit schrägstehendem, keckem Propeller und leerem Cockpit.

In der Hand hielt ich den langen Lederriemen der Wasserflasche, die wie ein unstetes Pendel hin und her schwang, während ich um Woodys Flugzeug herumging. Doch obwohl die Schatten die Erde jetzt überfluteten wie träges Wasser und das Gras unter dem halberschöpften Atem des

Windes wisperte, war da kein Gefühl von Unheil oder Unglück. Die Stille, die zu der schlanken, kleinen Maschine gehörte, schien mir erfüllt von einer Art Arglist – von einer mutwilligen Bosheit, wie sie sich etwa im zufriedenen Lächeln einer eitlen Frau zeigen mochte, die einen zwar kleinen, für sie jedoch kostbaren Triumph genoß.

Frivol und flatterhaft, wie sie war, hatte ich von der Klemm kaum etwas anderes erwartet; aber plötzlich wußte ich auch, daß Woody nicht tot war, denn eine solche Stille war dies nicht.

Im Gras fand ich eine Spur, eine Art frischen Pfad: Halme waren zu Boden gepreßt, Steinchen aus ihren winzigen Mulden gescharrt, und ich folgte dem Pfad, der an einigen größeren Steinen vorbei in ein Gewirr von Dornenbäumen führte. Laut rief ich Woodys Namen, doch die einzige Antwort war der Widerhall meiner eigenen Stimme. Aber als ich dann den Kopf drehte und den Ruf nach Woody wiederholen wollte, sah ich zwei dicht beieinander stehende Felsblöcke und in der Lücke zwischen ihnen ein Paar Beine in verschmutzten Arbeitshosen und dahinter dann auch noch den Rest von Woody, der auf dem Bauch lag, den Kopf in der rechten Armbeuge.

Ich ging zu ihm, schraubte den Verschluß der Wasserflasche auf, beugte mich zu dem Liegenden und schüttelte ihn.

»Ich bin's – Beryl«, rief ich und schüttelte ihn kräftiger. Eines der Beine bewegte sich, dann auch das andere. Ich packte den Liegenden beim Gürtel und zerrte heftig.

Woody begann sich rückwärts aus der Lücke zwischen den Felsblöcken herauszustemmen, eine Bewegung, die mich unsinnigerweise an die Gangart eines bestimmten Krebses erinnerte, der in Südfrankreich als große Delikatesse gilt. Woody murmelte irgend etwas, und ich erinnerte mich, daß dies typisch ist für Menschen, die am Verdursten sind, und daß sie nur einen Wunsch haben: – Wasser. Ich ließ ein paar Tropfen auf seinen Nacken fallen, als dieser zum Vorschein kam, und erhielt als Dank für meine Mühe ein unwilliges Grunzen. Dem Grunzen folgte eine kleine, doch erlesene

Auswahl jenes Vokabulars, wie es bei Seeleuten, Hafenarbeitern und Piloten gebräuchlich ist – und dann setzte sich Woody plötzlich auf, verdreckt der Bart und ausgemergelt das Gesicht darunter, die Lippen trocken und rissig, die Augen rötlich umrandet und die Wangen hohl. Er war ein kranker Mann, und er grinste.

»Ich mag's nicht, wie eine Leiche behandelt zu werden«, sagte er. »Ist eine Beleidigung. Gibt's hier irgendwas zu essen?«

MARION HOF

Amelia Earhart –
Weltumfliegung

Wohl die berühmteste Pilotin ihrer Zeit war die Amerikanerin Amelia Earhart (1897–1937). Nachdem sie schon verschiedene Flugrekorde aufgestellt hatte, überquerte sie 1932, fünf Jahre nach dem legendären Flug von Charles Lindbergh, als erste Frau den Atlantik im Alleinflug. 1929 hatte sie am ersten Frauenflugwettbewerb, dem berühmten »Powder-Puff-Derby«, teilgenommen und gründete im selben Jahr zusammen mit anderen Fliegerinnen eine Pilotinnen-Vereinigung, die »Ninety-Nines«, so genannt nach der Zahl der Gründungsmitglieder, die heute noch existiert. 1937 startete sie entlang des Äquators zu einer Weltumfliegung, von der sie nie zurückkehren sollte.

15 Jahre waren vergangen, seit Amelia zum erstenmal stolze Besitzerin eines Flugzeuges wurde. Für den kleinen Doppeldecker, die Kinner Airster, hatte sie sich damals begeistert, und mit der finanziellen Unterstützung ihrer Mutter konnte sie das Sportflugzeug erwerben. Wenig später erflog sie damit ihren ersten Rekord.

Jetzt, mit der Electra, konnte sie das Kommando über ein Flugzeug übernehmen, das alles bot, was die technische Weiterentwicklung im Flugzeugbau hervorgebracht hatte.

Ihr Auftrag waren Forschungsflüge: Neue Instrumente sollten Erprobung finden, die Wirkung von Langstreckenflügen in großen Höhen auf den menschlichen Organismus getestet und die damit verbundenen psychologischen Belastungen für Piloten und Passagiere herausgefunden werden. Reagierten Frauen darauf anders als Männer? Wenn ja: wie und warum? Welche Verpflegung war die beste, gab es Diäten, die sich mehr eigneten als andere?

Amelia hoffte, ihre Arbeit mit ihrem Wunsch der Weltumfliegung verbinden zu können. Die Welt war fliegerisch erobert, und das Umfliegen des Globus an sich keine Sensation
mehr. Die Kontinente und Meere waren durch mutige
Frauen und Männer mit Langstreckenflügen und Rekordzei-
ten in allen Richtungen verbunden worden. Doch Amelia
wollte noch einmal Luftfahrtgeschichte schreiben, noch einmal alles geben und riskieren, mit ihrem Flug, der den
Schlußpunkt setzen sollte unter ihre beispiellose Karriere.
Danach wollte sie die anstrengenden Langstreckenflüge der
nachkommenden Fliegergeneration überlassen und für sich
selbst ein ruhigeres und häuslicheres Leben wählen.

Noch niemand hatte die Welt entlang des Äquators umflogen, alle Piloten hatten bisher stets die kürzeren Verbindun-
gen gewählt, so auch Wiley Post, der die Strecke 1933 weit
nördlich des Äquators geflogen war. Er hatte dabei 25 099
Kilometer zurückgelegt. Die Route, die Amelia fliegen wollte,
entlang der größten geodätischen Ausdehnung der Erde, verlangte die Bewältigung von über 45 000 Kilometer.

Ein gigantisches Projekt, das einerseits Beifall, Bewunde-
rung und Unterstützung fand, aber andererseits auch Kopf-
schütteln und Ablehnung hervorrief, im Freundeskreis ebenso wie in der Öffentlichkeit. Heftige Kritik kam von ihrer
Freundin und Kollegin Louise Thaden. Louise hielt Amelia
schlichtweg für »verrückt« und konnte nicht verstehen – da
sie ja bereits alles erreicht hatte, was sie wollte und überall
anerkannt war –, daß sie mit einem derart langen und gefährlichen Flug noch einmal Kopf und Kragen riskieren
wollte.

Warnende Worte kamen auch von Jackie Cochran, die
sich auf ihre übersinnlichen Fähigkeiten berief und von Vor-
ahnungen sprach, die nicht zu Optimismus veranlaßten. Jak-
kie hatte mit ihrer besonderen Gabe bereits die genauen Ab-
sturzstellen zweier Flugzeuge lokalisiert und sogar die Zahl
der Opfer und Verletzten genannt. Amelia hoffte darauf, daß
sie ihr im Falle eines Unglücks helfen konnte, falls konven-
tionelle Suchmanöver ergebnislos bleiben würden.

Die größte Schwierigkeit und Gefahr lag im Überwinden der riesigen Wasserstrecken, besonders auf dem ersten Etappenabschnitt von Kalifornien über Honolulu nach Howland Island, der Zwischenstation im mittleren Pazifik. Das Erreichen der winzigen Insel, die kaum drei Kilometer lang und einen Kilometer breit ist, verlangte eine navigatorische Meisterleistung. Die »Stecknadel im Heuhaufen« war nur durch genaue Standortbestimmungen sicher zu erreichen. Amelia sah ein, daß sie hierfür einen speziell ausgebildeten und erfahrenen Navigator brauchte. Nach Überwinden des Pazifikabschnittes wollte sie dann allein weiterfliegen.

Amelia mußte sich zunächst mit den Flugeigenschaften der Electra vertraut machen, ihre Leistungen und die umfangreiche Instrumentierung testen. Der Bendix Wettbewerb bot hierfür eine gute Gelegenheit. Die Route verlief diesmal von New York nach Los Angeles; als Co-Pilotin war Helen Richey, Amerikas erste Linienpilotin, an Bord. Zwar wurde Amelia wieder nur fünfte, aber sie fühlte ihre Plazierung durch den Sieg von Louise Thaden ausgeglichen, die das gesamte Feld der teilnehmenden Männer hinter sich gelassen hatte.

Viel wichtiger waren die Erfahrungen, die das Luftrennen mit sich brachte. Die noch bestehenden Mängel der Electra konnten entdeckt und anschließend in der Lockheed Werft in Kalifornien behoben werden, wie zum Beispiel die Treibstoffzufuhr, die nicht einwandfrei funktionierte.

Für Paul Mantz, dem wieder die technische Beratung und Leitung anvertraut war, zählte nicht nur das einwandfreie Funktionieren des Flugzeuges, er machte sich auch Gedanken um die Gesundheit und Leistungsfähigkeit der Pilotin. So sehr er Amelias fliegerische Fähigkeiten kannte und schätzte, blieb er doch in Sorge, denn er stellte ihr Durchhaltevermögen in Frage. Der extrem lange und schwierige Flug würde sie bis zum letzten fordern. Die dann eventuell eintretenden Ermüdungs- und Erschöpfungserscheinungen wollte er verhindern helfen und ließ in das Flugzeug einen Sperry Autopiloten einbauen. Dadurch konnte Amelia erheblich entlastet und ihr Kräfteverschleiß reduziert werden.

Unterdessen trainierte sie ihre Instrumentenflugfähigkeiten. Mantz hatte in seinem Hangar in Burbank einen Link Blindflugtrainer dafür bereitgestellt. Körperliche Fitneß und Kondition erwarb sie durch sportliche Betätigung wie Schwimmen und Reiten. Dazu war sie einige Zeit Gast bei ihren Freunden Jackie Cochran und Floyd Odlum, die auf einer Ranch in der kalifornischen Wüste lebten.

George Putnam bemühte sich in aufwendiger Kleinarbeit darum, daß entlang der vorgesehenen Route Ersatzteile, Treibstoff und Öl gelagert waren, und er verschaffte die notwendigen Landegenehmigungen. Einen ganzen Monat lang verweilte er dazu in Washington D. C. und beantragte bei den entsprechenden Botschaften der Länder, die Amelia überfliegen oder in denen sie landen wollte, die entsprechenden Bewilligungen.

Ein junger Forscher, Expeditionsleiter und Pilot, Bradford Washburn, war einer der ersten ernsthaften Kandidaten für die Aufgabe des Navigators während des Weltfluges. George sah in ihm den geeigneten Begleiter für Amelia.

Er war expeditions- und flugerfahren – er hatte unter anderem 1936 die Fotoexpedition zur Erfassung des Mt. McKinley in einer Lockheed Electra geleitet – und vor allem verstand er etwas von astronomischer Standortbestimmung.

Nach den Vorgesprächen mit Amelia in Rye reiste er nach Boston zurück, ohne den in Aussicht gestellten Auftrag zu erhalten. Wie er später erzählte, war seine Hauptsorge das sichere Erreichen der winzigen Insel Howland – 1800 Meilen südwestlich von Honolulu gelegen –, die als Zwischenstop zum Auftanken angeflogen werden sollte. Da die ökonomische Flughöhe der Electra bei 9000 Fuß (3000 Meter) lag, würden sie zwar aus dieser Höhe eine gute Weitsicht haben, aber auch bei guten Wetterbedingungen war durch die Einwirkung der Sonnenstrahlen über dem Ozean immer mit Wolkenbildung zu rechnen. Würden sie unterhalb dieser Wolken fliegen, hätten sie zwar bessere

Erdsicht, aber der Treibstoffverbrauch würde sprunghaft ansteigen.

Washburn sah nur eine Möglichkeit: Er schlug vor, auf Howland Island einen Peilsender zu stationieren und die Electra mit einem Empfänger auszustatten; nur mit Hilfe des Funks sah er eine reelle Chance, ans Ziel zu kommen. Amelia aber bestand auf ihrer Meinung, daß diese Vorsichtsmaßnahme überflüssig sei, und glaubte, mit der üblichen Koppelnavigation zurechtzukommen.

Schließlich entschied Amelia sich für Captain Harry Manning, den Kapitän des Schiffes, das Amelia, Louis Gordon und Wilmer Stultz 1928 nach ihrem Transatlantikflug von England in die Vereinigten Staaten gebracht hatte. Amelia wußte, daß das Navigieren mit Hilfe der Sterne zu seinem täglichen Handwerk gehörte, und schon damals an Bord des Dampfers hatte er ihr bereitwillig die Grundlagen dieser Methode erläutert.

Auf Drängen von Jackie Cochran, die Mannings Eignung stark anzweifelte, erklärte sich Amelia bereit, Harry Mannings Fähigkeiten bei einem Testflug zu überprüfen. Das ausgemachte Ziel wurde dabei um 200 Meilen verfehlt. Harry gab Amelia die Schuld, indem er behauptete, sie habe die Tendenz, beim Kurshalten nach links zu driften, und Amelia war der Überzeugung, daß Harrys Navigation fehlerhaft war.

Wie dem auch gewesen sein mag, beide verständigten sich insoweit, daß sie übereinkamen, einen zweiten Navigator zuzuziehen, der Harry bei seiner Aufgabe unterstützen sollte.

Die Wahl fiel auf Frederick Noonan, einen der besten Navigatoren. Doch Noonan war Alkoholiker, und sein hervorragender Posten bei Pan Am war seiner Trunksucht zum Opfer gefallen. Arbeitslos und ohne große Aussicht, wieder eine verantwortungsvolle Position in der Luftfahrt bekleiden zu können, kam für ihn das Angebot, in der Electra mitzufliegen, wie gerufen.

Über warnende Stimmen zur Einbeziehung Noonans

setzte Amelia sich hinweg; sie hielt diese Skepsis für unangemessen, denn er würde lediglich auf dem Streckenabschnitt Oakland–Howland Island als zweiter Navigator Manning assistieren und dann von Bord gehen. Bis Port Darwin, Australien, sollte dann Manning navigieren, und von da ab wollte Amelia allein weiterfliegen.

Für den Start am 17. März 1937 hatten Amelia und ihre Crew eine in aufwendiger Arbeit gut vorbereitete und in Details modifizierte Electra zur Verfügung: Durch den Einbau von Zusatztanks in den Tragflächen und im Rumpf war ihre Reichweite erheblich vergrößert worden. Sie konnte nun mit 1150 Gallonen betankt werden, womit ihre Reichweite jetzt bei circa 3100 Meilen lag, je nachdem, welche Windrichtung angetroffen wurde und in welcher Höhe sie flog.

Während des Fluges mußte ein gleichmäßiger Verbrauch des Treibstoffes aus allen Tanks gewährleistet sein; der Schwerpunkt des Flugzeuges hätte sich sonst so verlagern können, daß die Electra nicht mehr über die Steuerorgane zu beherrschen gewesen wäre. Die Lockheed Ingenieure hatten das Problem durch ein ausgeklügeltes System in der Anordnung der Tanks und Benzinleitungen, durch Überläufe und Ventile gelöst. Ebenso war es wichtig, den Verbrauch der Maschine exakt zu ermitteln, um darauf eine Berechnung für die ökonomischste Reisegeschwindigkeit anstellen zu können. Es bedurfte zahlreicher Tests in unterschiedlichen Flughöhen und unter variablen Wetterbedingungen, bis der Lockheed-Experte C. L. »Kelly« Johnson und Amelia gemeinsam die besten Werte herausgefunden und zusammengestellt hatten.

Im hinteren Teil der Kabine war eine Navigationsstation eingerichtet; sie war ausgerüstet mit einem Kartentisch, mit Chronometer, Sextant und Palinurus, einem Höhenmesser und einer Anzeige für Außentemperatur und Geschwindigkeit. Zwei zusätzlich eingebaute Fenster, größer als üblich, sollten eine gute Sternennavigation ermöglichen. Besondere Mühe war für die Modifizierung der Funkanlage aufgewendet worden. Nach wochenlanger Erprobung war es gelungen, neben zwei Frequenzen (eine für tagsüber, die andere für die Nachtstunden) im üblichen UKW-Bereich auch eine Kurzwellenfrequenz mit 500 Kilohertz zur ständigen Verfügung zu halten – eine in der Luftfahrt ungebräuchliche Wellenlänge, die bisher der Marine als Notfrequenz vorbehalten war. Die Übertragung erfolgte sowohl im Sprechfunk über ein Handmikrofon als auch im Tastfunk über eine Morsetastatur.

Um das einwandfreie Funktionieren des Kurzwellensenders sicherzustellen, war eine besonders lange Antenne notwendig; sie wurde als Schleppantenne in den Rumpf des Flugzeuges eingebaut. Vom Cockpit aus war sie per Knopfdruck ein- und auszufahren. Amelia hatte von Anfang an eine gewisse Abneigung gegen diese Antenne; sie verursachte im ausgefahrenen Zustand eine beträchtliche Widerstandserhöhung und mußte vor jeder Landung eingezogen werden. Außerdem war ein handgesteuerter Peilrahmen für den Frequenzbereich von 200 bis 1430 Kilohertz direkt auf dem Cockpit-Dach installiert.

Angetrieben wurde die Electra von zwei Pratt & Whittney Wasp-Motoren mit 550 PS. Ihr Abfluggewicht war durch die erhöhte Treibstoffzuladung um rund 50 Prozent erhöht. Beim Start am 17. März benötigte sie zum Abheben eine Rollstrecke von fast 2000 Fuß: Amelia, mit Paul Mantz als Co-Piloten (so vorgesehen bis Hawaii) und Harry Manning und Fred Noonan als Navigatoren, waren um 16 Uhr 37 pazifischer Zeit abgeflogen in Richtung Wheeler Field, Oahu auf Hawaii. Der Flug verlief ohne besondere Vorkommnisse, und nach 15 Stunden und 43 Minuten landeten sie auf Hawaii. Mit einer Durchschnittsgeschwindigkeit von 153 Meilen pro Stunde hatten sie eine Rekordzeit beim Überqueren dieser Distanz in Ost-West-Richtung aufgestellt. Nun lag der schwierige und gefahrvolle Streckenabschnitt nach Howland Island vor ihnen.

Amelia hatte sich die Warnungen des jungen Bradford Washburn doch zu Herzen genommen: Vor Howland Island lag die »Itasca«, ein Schiff der US-Küstenwache, vor Anker bereit, um der Electra Peilsignale auszustrahlen. Für den Wiederstart wurde das Flugzeug von Paul Mantz allein zum Luke Field in der Nähe von Pearl Harbor geflogen; die befestigte Startbahn dort schien für den Start der schwer beladenen Maschine mit ihrer dreiköpfigen Besatzung geeigneter als die Graspiste von Wheeler Field. Ein ganzer Tag verging jedoch, ein heraufgezogener Sturm verursachte die ungewollte Unterbrechung, bis Amelia, Harry und Fred am nächsten Morgen ins Flugzeug kletterten. Kaum rollte die Maschine auf der Bahn, bemerkte Amelia, daß etwas nicht in Ordnung war. Schwerfällig und träge reagierte die Electra auf das Nachschieben der Gashebel, und in der Mitte des Startfeldes hatte sie noch immer nicht ausreichend Geschwindigkeit aufgenommen, um abzuheben. »Zunächst schien alles in Ordnung. Mit schneller werdender Maschine senkte sich jedoch die rechte Tragfläche, und das Flugzeug zog nach rechts. Ich nahm das Gas aus dem linken Motor zurück, und augenblicklich ging die Maschine in eine lange weite Linkskurve über. Alles geschah in Sekundenschnelle. Mein erster Gedanke war, die rechte Seitenverstrebung oder der rechte Reifen des Fahrwerks haben nachgegeben. Der starke Zug an der Maschine ließ auf einen geplatzten Reifen schließen«, erläuterte Amelia den Verlauf des Unglücks.

Nachdem die Electra durch Einknicken des Fahrwerks auf ihrem Bauch gelandet und zum Stehen gekommen war, schaltete Amelia sofort die Zündung aus, um einen möglichen Brand zu verhindern; Treibstoff war aus den Tanks gespritzt. In Windeseile waren Ambulanz, Feuerwehrautos und viele Menschen an der Unglücksstelle versammelt. Die Aufregung und Verwirrung war groß, und im ersten Moment des Schocks zählte nur, daß die Crew unverletzt geblieben war. Hilfreiche Hände streckten sich Amelia, Captain Manning und Fred Noonan entgegen.

»Miß Earhart, jetzt werden sie doch sicherlich ihren Plan der Weltumfliegung aufgeben?« mutmaßten die Reporter, und Amelia beantwortete diese Frage mit »Nein, sicher nicht. Während des Fehlstarts war mein erster Gedanke, wenn wir nicht in den Flammen umkommen, dann will ich es noch einmal probieren.«

Die stark beschädigte Maschine bot einen traurigen Anblick: Die Tragflächen waren lädiert, die Propellerblätter verbogen, die Motoraufhängung defekt, die Räder abgerissen und das Fahrwerk eingedrückt. Für die nötigen Reparaturarbeiten wurde eine Zeit von mindestens zwei Monaten veranschlagt. Ein Schiff brachte das Flugzeug nach Kalifornien in die Lockheed Werft.

Der Fehlstart von Pearl Harbor zog drastische Konsequenzen nach sich. Auf die Begleitung von Captain Harry Manning würde Amelia verzichten müssen, denn die Dienstbefreiung von Bord seines Schiffes war bis zum nächsten Startversuch abgelaufen.

Die ursprünglich geplante Flugrichtung, die von Ost nach West verlaufen sollte, mußte nun komplett neu ausgearbeitet werden. Je näher der Abflugtermin an den Beginn des Frühsommers rückte, desto mehr mußte die veränderte Großwetterlage berücksichtigt werden, besonders über der Karibik und dem afrikanischen Kontinent. Um den ungünstigen Wetterverhältnissen, den Stürmen und Monsunen möglichst zuvorzukommen, war es sinnvoll, das Überfliegen dieser Gebiete an den Anfang der Route zu legen. Das bedeutete die Umkehrung der Flugrichtung, die dann von West nach Ost sein würde.

Das hieß auch, daß der längste und schwierigste Abschnitt, der Überwasserflug über den Pazifischen Ozean mit Zwischenstop auf Howland Island und Hawaii, am Ende der langen Weltumfliegung zu bewältigen war. Nach vielen Tausenden zurückgelegter Kilometer, nach anstrengenden und kräftezehrenden fliegerischen und navigatorischen Höchstleistungen, wahrlich eine Anforderung, die Amelia und Fred noch einmal alles abverlangen würde.

Am 19. Mai konnte Amelia die instand gesetzte Electra aus der Werft übernehmen. Zwei Tage später begann sie von Oakland aus ihren Flug über den amerikanischen Kontinent. Auch diesmal blieb sie ihrer Gewohnheit treu und hielt die revidierte Flugroute und den neuen Starttermin geheim. So galt der Transkontinentalflug offiziell als Werkstattflug. In Wahrheit war er jedoch bereits die erste Etappe des Weltfluges. Nachdem sie in Oakland Kisten mit Sammlerpost (die von einem großen New Yorker Warenhaus gesponsert waren) an Bord genommen hatte und ihr Navigator Fred Noonan, George Putnam und Flugzeugmechaniker »Bo« McKneely eingestiegen waren, startete sie die Lockheed mit Kurs auf Tucson, Arizona. Hier geriet die Crew noch einmal in Aufregung, als kurz nach der Zwischenlandung das linke Triebwerk der Maschine plötzlich Feuer fing. Aber die Flammen konnten gelöscht werden, noch ehe sie Schaden anrichteten, und am Morgen des darauffolgenden Tages setzten sie ihren Weg trotz eines Sandsturms unbehelligt und in Richtung New Orleans fort.

Am Nachmittag des 23. Mai erreichten sie dann schließlich Miami. Eine Woche lang wurde das Flugzeug hier gewissenhaft überprüft, letzte Änderungen und Einstellarbeiten von Experten der Pan American Airlines vorgenommen. Erhebliche Schwierigkeiten bereitete ihnen vor allem die unzureichend funktionierende Funkanlage. Die Ursachen der störenden Nebengeräusche, die ein klares Empfangen und Senden von Nachrichten unmöglich machten, mußten gefunden und behoben werden.

Das Ganzmetallflugzeug mit der Nummer NR 16020 erhob sich am Morgen des 1. Juni 1937 vom Flugplatz Miami in einen wolkenfreien Himmel auf seinen langen, gefahrvollen Weg, auf dem es bis zum Erreichen des Zielflughafens Oakland, Kalifornien, vier Kontinente und weite Wasserstrecken überwinden mußte.

Es war ein ruhiger Start. Nur wenige Schaulustige waren in den frühen Morgenstunden zum Flugplatz hinausgekommen, und nach einem kurzen »Good bye« zu ihrem Mann George und Stiefsohn David hatte die Pilotin den Cockpit-

einstieg verschlossen und um 5 Uhr 56 endgültig nordame-
rikanischen Boden verlassen.

Nach circa 100 Meilen in Richtung San Juan auf Puerto
Rico, der ersten planmäßigen Station, hörte Amelia die An-
sage des Miami Rundfunksenders WQAM, der ihren ge-
glückten Start bekanntgab, und sie war froh und erleich-
tert, daß sie mit Ruhe, ohne »großen Bahnhof« und in
Abwesenheit zudringlicher Reporter und lärmender Men-
schenmassen Miami hatte verlassen können. Es war ein
Start, wie sie es liebte, und zufrieden und zuversichtlich hielt
sie das Funkgerät weiterhin auf Empfang, um die neuesten
Wetterberichte zu hören, die Pan Am-Meteorologen für sie
bereithielten.

Noonan saß in der Kabine an seinem Kartentisch und
überprüfte mit Hilfe von Land- und Seemarkierungen wie
Inseln, Leuchttürmen und Riffs den Kurs und die Geschwindigkeit. Um 6 Uhr 30 sichteten sie die Sandbänke der Ba-
hama Inseln und eine halbe Stunde später Andros Island.
Amelia war von der Karibischen Inselwelt fasziniert: »Die
Schönheit dieser tropischen Gewässer steht in scharfem
Kontrast zu der bleiernen Eintönigkeit des Nordatlantik und
der Weiten des Pazifischen Ozeans«, beschrieb sie ihre Eindrücke.

Das Erleben der Natur, unterschiedliche Wolkenfiguratio-
nen, schimmernde Horizonte, klare Sternenhimmel, bizarre
Landschaften, malerische Abendstimmungen und erste glei-
ßende Sonnenstrahlen eines neuen Tages waren für Amelia
bei all ihren Flügen stets ein beeindruckend romantisches
Erlebnis. Ihre Logbucheintragungen waren oftmals von poe-
tischer Wortwahl und keineswegs reine Flugdatensammlun-
gen.

Die Nachrichtenübermittlung, zum Beispiel Kurskorrek-
turen, und die Kommunikation zwischen Pilotin und Navigator fand über eine Bambus-Angelrute statt. Sie war an der
Decke befestigt, und die angehängten Zettel, auf die sie ihre
Mitteilungen kritzelten, ließen sich daran hin- und herschie-
ben. Vor ihrer Landung auf Puerto Rico bemerkte Noonan

eine leichte Abdrift in südliche Richtung und »sendete« die notwendige Kurskorrektur ins Cockpit.

Noch vor Sonnenaufgang am nächsten Morgen waren Amelia und Fred zurück am Flughafen und bereit, das nächste Etappenziel, Paramaribo in Holländisch Guayana anzufliegen.

Die gerade stattfindenden Bauarbeiten, durch die die Startbahn teilweise blockiert wurde, zwangen sie jedoch zu einem neuen Flugplan. Eine vollbetankte Electra war für die verkürzte Startstrecke viel zu schwer. Weniger Treibstoffaufnahme schien die beste Lösung, um das Flugzeug an die veränderten Bedingungen anzupassen. Das bedeutete allerdings auch, daß weniger Flugzeit zur Verfügung stand. Carapito in Venezuela war nun der neue Bestimmungsort; von dort flogen sie weiter nach Paramaribo über Fortaleza bis nach Natal, Brasilien.

Der Norden des südamerikanischen Kontinents, mit weiten Dschungelgebieten, üppig dichter Vegetation, hin und wieder durchzogen von braungefärbten Flußläufen im Kontrast zu schillernden Küstenregionen, war eine unbekannte und beeindruckende Landschaft für Amelia. 960 Meilen war sie während einer Etappe über tropisches Waldgebiet geflogen. Fasziniert und doch mit gemischten Gefühlen überquerte Amelia das grüne Bäumemeer – eine Notlandung dort hätte bedeutet, vom Dschungel verschlungen zu werden.

Zwei Tage hatten sie Aufenthalt in Fortaleza. Das Flugzeug wurde durch Pan American Airlines-Personal überprüft und gewartet. Amelia und Fred machten sich unterdessen daran, die mit Öl verschmutzten Motor- und Propellerschutzhüllen (Amelia hatte sie nach eigenem Entwurf in Burbank anfertigen lassen) zu säubern, Ersatzteile, Gepäck und Ausrüstungsgegenstände zu überprüfen und neu zu ordnen. Bisher benutzte Karten wurden aussortiert und zurückgeschickt.

Am 6. Juni setzten sie ihre Reise in Richtung Natal fort. Ein großer internationaler Flughafen stand hier verschiedenen Luftfahrtgesellschaften für ihre Reiserouten über den Südatlantik zur Verfügung.

Schon seit einigen Jahren nutzte die Air France die Route für Postlieferungen nach Westafrika. Zwei Seewetterstationen im Südatlantik versorgten ihre Flotte mit Informationen und halfen nun auch mit den neuesten Berichten für Amelias und Freds Flugplanung. Der erste lange Überwasserflug lag vor ihnen und mit ihm das Erreichen eines neuen Kontinents: Afrika.

Den 1900 Meilen entfernten Zielflugplatz verfehlte Amelia jedoch, und anstatt wie geplant in Dakar brachte sie die Maschine in St. Louis, 163 Meilen nördlich vom Kurs, zur Landung. Dichter Nebel vor der westafrikanischen Küste hatte ihnen lange Zeit keine Möglichkeit gegeben, ihre Position ausreichend zu prüfen. Noonans Anweisung, nach Süden abzudrehen, hatte sie mißachtet, und im Glauben an die Zuverlässigkeit ihrer Schätzung flog sie eine Linkskurve in Richtung Norden. »Es war mein Fehler«, gestand sie im nachhinein.

Dreizehn Stunden und zwölf Minuten hatte die »ereignislose« Überquerung gedauert. Ein heftiger Regenguß, hin und wieder ein leichter Schauer, mehr mutete ihnen der Wettergott nicht zu. Mit eingeschaltetem Autopiloten konnte Amelia sich entspannt ihren Beobachtungen und Gedanken widmen: »Überfliegen gerade Äquator, 6000 Fuß. Sonne brillant. Kleine Schäfchenwolken unter uns ...«, trug sie nach drei Stunden Flugzeit um 6 Uhr 50 ins Bordbuch ein und später: »Siebenhundert und etwas noch zu fliegen ... ungefähr soviel wie die Entfernung zwischen Burbank und Albuquerque. Ein langer Weg ... weit ab von Funkfeuern und ausgewiesenen Luftstraßen. Unsere Flieger zu Hause wissen gar nicht, wie verwöhnt sie sind ...«

Nach einer Übernachtung in St. Louis trafen sie am darauffolgenden Tag, es war der 8. Juni, in Dakar ein. Wieder gab es eine zweitägige Unterbrechung der Weltreise, die für die Wartungs- und Säuberungsarbeiten an der Electra gebraucht wurden. Eine defekte Tankanzeige mußte in Ordnung gebracht werden, und die Triebwerke erhielten einen gründlichen Check. Mit langstieligen Schrubbern und Bürsten machte sich ein Trupp Eingeborener an das Abwaschen der Maschine.

Amelia und Fred waren Gäste des französischen General-gouverneurs, der sie in seinem weiträumigen Privathaus unterbrachte. Nach einem ruhigen Abendessen dort folgten sie einer Einladung des Aero-Club – glücklicherweise die einzige offizielle »Mission«, die zu erfüllen war.

Über ausgebreiteten Karten studierten sie am späten Abend die Geographie Zentralafrikas und legten ihre Flugroute in groben Zügen fest. Sie wußten, daß sie Spielraum für Abweichungen vom Kurs brauchen würden: »Den genauen Kurs können wir erst unterwegs festlegen. Extrem heißes Wetter wird uns im Flugzeug zu schaffen machen. Ich wurde gewarnt vor Tornados im Süden und Sandstürmen im Norden. Ich muß also versuchen, einen Weg durch die Mitte zu finden ... So weit ging unsere Reise entlang allgemein genutzter und erprobter Flugwege. Jetzt drehen wir die Nase der Electra in Regionen, die zwar öfters überflogen werden, aber keineswegs auf festgelegten und regelmäßig beflogenen Routen.«

Von Dakar aus führte sie ihr Weg nach Gao, Fort Lamy, El Fasher, Karthoum, Massawam, über das Rote Meer und Arabien nach Indien mit der Station Karatschi.

Alles in allem verlief der Flug bislang ohne Zwischenfälle und auch über den Gebieten, die kartographisches Niemandsland waren, wie zum Beispiel die Region zwischen El Fasher und Karthoum, navigierten sie mit Erfolg.

Auch in Karatschi klappte die technische Versorgung des Flugzeuges wieder einwandfrei, und wie vorausgeplant standen Kisten mit Ersatzteilen und Benzinfässer mit der Aufschrift »For Miss Amelia Earhart« bereit. Geschulte Mechaniker der Imperial Airways machten sich daran, die Electra gründlich zu überholen und ihre Benzintanks wieder aufzufüllen, Experten der Royal Air Force justierten die Instrumentierung.

17. Juni, Start in Karatschi nach Kalkutta. Entfernung 1390 Meilen. Ein weit ausgebautes Eisenbahnnetz und markante Gebirgszüge und Flüsse in Zentralindien konnten die Navigation unterstützen – wenn nicht das Wetter durch dichte Dunstschwaden und heftige Regenstürme die Erdsicht genommen hätte. Starke Luftströme rissen das Flugzeug nach oben. Mit erhöhter Aufmerksamkeit mußte die Pilotin die Flughöhe korrigieren und halten. Plötzlich, in 5000 Fuß Höhe, eine unheimliche Begegnung: schwarze Adler. Wie aus dem Nichts gekommen, umflogen die großen Vögel die Electra; »… es waren bedenkliche Momente«, bemerkte Amelia in Sorge, denn womöglich konnten sie mit den Propellern kollidieren, ihr Gefieder sich in den Triebwerken verfangen und eine Katastrophe verursachen, »wie sie es fertigbrachten, einen Zusammenstoß zu vermeiden, ist mir unerklärlich.«

Weiter führte ihr Weg über Allahabad, in der Nähe von Agra mit dem berühmten Taj Mahal. Als »touristischen Frevel« bezeichnete Amelia die Tatsache, daß sie sich keine Zeit nehmen konnten, die berühmte indische Sehenswürdigkeit, das »in so vielen Tausend Worten« beschriebene Bauwerk zu besichtigen.

Temperatur 30 Grad Celsius, Flughöhe 5500 Fuß, in Kürze Erreichen von Kalkutta, Landevorbereitungen. Die Sicht verbesserte sich, und kurz vor Ankunft in der Metropole sahen sie die weite Ausdehnung der Stadt, mit ihren Jutefabriken, weißen Wohnhäusern und der Hafenanlage mit gedrängtem Schiffsverkehr. Kurz vor der Landung gab es schüttende Regengüsse, und beim Aufsetzen auf der überfluteten Landebahn verschwand die Electra für Sekunden in einer aufspritzenden Wasserwolke.

Ein kurzer Aufenthalt mit frühem Start am anderen Morgen schien ratsam. Die Regenzeit war angebrochen, und Monsunregen durchzogen das Land. Amelia und Fred mußten den Weiterflug wagen und einen Weg durch die verheerenden Regenstürme finden; die Regenzeit würde erst mit Beginn des Oktobers zu Ende gehen.

Von Kalkutta ging es nach einer kurzen Zwischenlandung zum Auftanken in Akyab weiter nach Rangun. »Ich glaube, dieser Regen könnte das Feuer eines Vulkans zum Erlöschen bringen«, schilderte Amelia den Monsun, durch den sie sich seit Verlassen von Akyab kämpften. Unerbittlich prasselte er auf die Electra ein und löste in seiner gewaltigen Stärke teilweise die Farbe, mit der die Flügelkanten angestrichen waren.

Widerstrebend mußte sie die Entscheidung treffen, ihr Etappenziel Rangun aufzugeben und nach Akyab umzukehren. Die Sicht betrug nur wenige Meter, und aus Sicherheitsgründen wählten sie den Umkehrkurs über dem Ozean, denn mit plötzlich auftretenden Hindernissen wie etwa Berggipfeln mußten sie über Wasser nicht rechnen. Zwei Stunden lang sahen sie unter sich nichts anderes als die Wellenkämme des Meeres, und trotzdem brachte Noonan es fertig, mit unglaublicher Sicherheit zu navigieren. Zurück in Akyab erwarteten sie den nächsten Tag, den 19. Juni, in der Hoffnung, dann ihre verlorene Zeit aufzuholen und bis Bangkok durchzukommen.

Aber bereits nach 400 Meilen endete der Versuch in Rangun. Die Regenfälle waren hier so stark, daß der Weiterflug nach Bangkok zu gefährlich gewesen wäre.

Der folgende Tag brachte eine leichte Wetterbesserung und ermöglichte die Fortsetzung des Fluges.

Auf 8000 Fuß mußten sie steigen, um die hohe Bergkette zu überwinden, die die Grenze zwischen Birma und Thailand bildet. Nur ein kurzer Stop zum Auftanken in Bangkok und weiter entlang am Golf von Siam, Anflug auf Singapur und noch vor Anbruch des nächsten Tages Wiederstart mit Ziel Bandung auf Java.

Die Planung sah eine wiederholte, gründliche Durchsicht und Generalüberholung der Maschine vor. In Bandung sollte sie für die lange Strecke nach Port Darwin in Australien vorbereitet und gerüstet werden. Der Aufbruch, für den 24. Juni vorgesehen, mußte jedoch verschoben werden; die Instrumente funktionierten nur unzureichend. Bis zur Behebung des Defektes mußten die Techniker einige Stunden Arbeit aufwenden. Es war zwei Uhr nachmittags, und die verbleibende Zeit bis Sonnenuntergang war zu knapp, um Darwin zu erreichen. Amelia und Fred entschieden sich dennoch für einen Start, allerdings mit dem kürzeren Etappenziel nach Surabaya. Während des Fluges funktionierten die Instrumente immer noch nicht einwandfrei, und schweren Herzens sahen sie sich zur Rückkehr nach Bandung gezwungen: »... so mußte ich die ungeliebte und schwierige Entscheidung treffen ... Anstatt weiterzufliegen, mußte ich am nächsten Tag umkehren. Die Wettervorhersage war gut, Pilotin und Navigator begierig weiterzufliegen – unter diesen Umständen war es besonders hart, vernünftig zu bleiben.«

Sonntag, 27. Juni, Start in Bandung, Zwischenlandung in Koepang und endlich: Port Darwin.

Nun galt es, noch circa 1200 Meilen zu fliegen bis zum Eintreffen in Lae, Neuguinea, der letzten Station vor Beginn der anspruchsvollsten Etappe ihrer Reise, der Überwindung des mächtigen Pazifischen Ozeans über Howland, Hawaii und endlich nach Oakland, Kalifornien. In Lae hatten sie etwa 22 000 Meilen hinter sich, 7000 lagen vor ihnen.

Es erscheint naheliegend, daß die beiden Flieger sich dem Ende ihrer Expedition entgegensehnten. Über einen Monat waren sie nun unterwegs, waren mit drastischen Wetterlagen, mit unvorhergesehenen Kursänderungen und Zwischenlandungen, mit Pannen der Electra ebenso fertig geworden wie mit der ständig erforderlichen Anpassung an die veränderte Umgebung und der Verarbeitung der zahlreichen Eindrücke. Zu Hause in den Vereinigten Staaten erwartete sie ein neuer Lebensabschnitt. Fred hatte kurz vor Beginn des Fluges geheiratet, und das Ehepaar Noonan hoffte, mit Hilfe der Publicity, die Fred durch den Weltflug erhalten würde, auf die erfolgreiche Gründung eines eigenen Unternehmens. Sie planten die Eröffnung einer Flugschule. Und für Amelia bedeutete das Erreichen ihres Zieles das Ende ihrer abenteuerlichen Langstreckenreisen; sie freute sich auf eine Zukunft im Kreise ihrer Familie und Freunde und auf eine Arbeit als Expertin für Luftfahrt.

»Die ganze Welt liegt bereits hinter uns – bis auf diesen breiten Ozean. Ich freue mich auf den Tag, an dem wir die gefährliche Überquerung hinter uns haben«, notierte sie in Lae.

Die Guinea Airways Company unterhielt in Lae ihren Hauptstützpunkt und bot alle Einrichtungen, die für die Zwischenlandung und die letzte gründliche Wartung der Electra notwendig waren. Der Dschungelflugplatz diente hauptsächlich dem Transport von Arbeitskräften, Maschinen und Werkzeugen in die abgelegenen und schwer zugänglichen Goldminengebiete Neuguineas.

Am 1. Juli stand die Maschine startklar auf dem Vorfeld, und Pilotin und Navigator waren bereit zum Abflug. Aber wolkenverhangener, regengetrübter Himmel und starker Wind vereitelten den ersehnten Aufbruch. Stattdessen fand sich die Electra-Crew – zwar unfreiwillig, aber interessiert – in der Touristenrolle wieder. Amelias Aufzeichnungen sprechen von der »ungeheuer aufregenden« Dschungelwelt, die eine starke Anziehungskraft auf sie ausübte, und sie wünschte sich, noch einmal hierher zurückzukommen, um mit Zeit und Ruhe dieses »seltsame Land« zu erkunden. Erheitert bemerkten sie und Fred, daß die Eingeborenen in ihren Siedlungen Schweine als »Wachhunde« hielten und daß – nach den Regeln des Pidgin-Englisch – alle Frauen Mary hießen.

Sie erfuhren auch, daß Neuguinea von Erdbeben heimgesucht wurde; erst ein Jahr zuvor hatte ein solches Beben eine riesige Landmasse in Bewegung gesetzt. Sie formte nun eine kleine Bucht, die Amelia und Fred von einer Anhöhe aus gut sehen konnten.

Mit dem 2. Juli kam die entscheidende Wetterbesserung, und Amelia und Fred kletterten ins Cockpit, um Lae zu verlassen und die heikelste und mit 2550 Meilen längste Nonstopstrecke dieser Weltreise zu beginnen.

Auf dem Weg über den Südpazifik überquerten sie den 180. Meridian, die internationale Datumsgrenze. Das Datum ihrer Ankunft auf Howland würde also identisch mit dem ihres Abfluges sein; nach circa 18 Stunden Flugzeit hofften sie, am 2. Juli auf der winzigen Insel zu landen.

Dröhnend rollte die Electra über die Startpiste und hob ab, gerade noch rechtzeitig vor den steil ins Meer abfallenden Klippen am Ende der 3000 Fuß langen Bahn.

Wenige Menschen haben diesen Start gesehen und die Flugbahn der Electra verfolgt, bis sie am Horizont verschwunden war. Wahrscheinlich waren es die letzten, die Amelia und Fred lebend sahen.

»EARHART LEFT LAE TEN AM LOCAL TIME JULY 2ND DUE HOWLAND ISLAND 18 HOURS TIME« (Earhart verließ Lae zehn Uhr Ortszeit am 2. Juli, geplante Ankunft Howland Island 18 Stunden später), lautete die Meldung, die Lae nach dem Start der Electra übermittelte.

Das Küstenwachboot »Itasca« hatte seine Stellung vor Howland Island bezogen, und Kapitän Thompson und seine Besatzung hielten sich bereit, für die Electra die vereinbarten Wetterinformationen und die Peilsignale für ihren sicheren Anflug zu senden. Mit ihrem Rufzeichen KHAQQ sollte Amelia sich alle halbe Stunde melden und ihren Standort durchgeben, jeweils 15 Minuten vor beziehungsweise nach der vollen Stunde. Die Funker der »Itasca« hatten dagegen die Anweisung, die Pilotin zu jeder vollen und halben Stunde über Sprechfunk zu rufen. Als zusätzliche Sicherheitsmaßnahme wurde außerdem auf der Insel selbst eine Funkanlage stationiert, mit der Funker Frank Cipriani versuchen sollte, die Electra anzupeilen.

Während der ersten Stunden des Fluges stand Amelia in guter Verbindung mit der Bodenstation in Lae. Nach sieben Stunden und zwanzig Minuten Flugzeit gab sie ihre erste Standortbestimmung, den vereinbarten »Fix« durch: »Position 4° 33.5′ südliche Breite, 159° 7′ östliche Länge.«

Es war die einzige konkrete Angabe während des gesamten Fluges. Das Flugzeug befand sich auf Kurs, in der Nähe der Nukumanu Inseln, und hatte zu diesem Zeitpunkt etwa ein Drittel der Strecke zurückgelegt. Nach vierzehn Stunden und achtzehn Minuten empfängt die »Itasca« die erste Meldung von Bord der Electra: »... wolkig und bedeckt ...« und circa zwei Stunden nach der erwarteten Landung die letzte.

Verzweiflung klang in Amelias Stimme, die vergeblich versucht hatte, mit ihren Helfern am Boden in Kontakt zu kommen. Weder den Funkern der »Itasca« noch Frank Cipriani war es gelungen, die Electra anzupeilen, und die gesendeten Informationen über Tast- und Sprechfunk drangen nur unvollständig oder gar nicht zu ihr durch. Offenbar stimmte etwas mit der Funkausrüstung nicht.

Die Funksprüche wurden zunehmend deutlicher, woraus man schließen kann, daß die beiden Flieger nahe ihrem Ziel waren. Die letzte Mitteilung Amelias: »... wir fliegen Suchschleifen nach Nord und Süd« zeigt jedoch, daß sie Howland Island nicht sahen.

Seit Sonnenaufgang stieg aus dem Schornstein der »Itasca« eine gewaltige schwarze Rauchwolke, die als Orientierungs- und Ansteuerungspunkt für Flugzeuge in einem Umkreis von circa 40 Meilen hätte dienen können. Aber auch diese Hilfe blieb von der Electra-Crew unbemerkt. Die Aufforderungen der »Itasca« an Amelia, sich zu melden, verhallten ohne Antwort. Fieberhaft versuchten die Funker, KHAQQ weiterhin durch Sprech- und Tastfunk zu erreichen, aber Amelia meldete sich nicht mehr. Die Electra war überfällig, und unerträgliche Spannung machte sich unter der Schiffsbesatzung breit – offenbar war ein Unglück geschehen. Nach über zwanzig Flugstunden mußte der Treibstoff der Electra zu Ende gegangen sein, und Amelia und Fred waren entweder abgestürzt oder notgewassert.

Nur wenige Minuten nach dieser bedrückenden Erkenntnis begann die Suche nach den Vermißten. Auf Anordnung von Präsident Roosevelt beteiligten sich an der Aktion – die zur größten in der Geschichte der US Navy wurde – alle verfügbaren Einheiten der Marine. Darunter auch der größte Flugzeugträger, die USS Lexington, mehrere Zerstörer und ein Minensuchboot. Schätzungen besagten, daß 25 000 Quadratmeilen durchkämmt wurden, mit einem finanziellen Aufwand von sieben Millionen Dollar.

Mit Ausnahme der im Südpazifik unter japanischer Hoheit stehenden Gebiete wurden die Wasseroberfläche, die Inselgruppen Gilbert und Phoenix und jedes kleine, auch unkartographierte Riff abgesucht.

Mit Bestürzung verfolgte die amerikanische Öffentlichkeit die Geschehnisse, und die Nation schrak auf, als die Schlagzeilen meldeten: EARHART GEFUNDEN! Aber das ersehnte Aufatmen blieb aus. Die grünen Lichtpunkte, die man voller Hoffnung für Notsignale der Electra-Besatzung gehalten hatte, entpuppten sich bei genauer Untersuchung als Ansammlung von Meteorgestein.

Nach 16 Tagen intensiver Suche gab sich die Navy geschlagen, sie mußte ihre Aktion erfolglos beenden: Am 18. Juli 1937 wurde sie eingestellt. Mit Flagge auf Halbmast fuhr die »Lexington« in den Hafen von San Francisco ein.

Als »tragischer Unfall« wurde das Unglück offiziell deklariert, und von seiten der US-Regierung ist die Akte Earhart kurz danach für immer geschlossen worden.

ANNE SPOERRY

Fliegende Ärztin

Fliegen hatte die aus dem Elsaß stammende Anne Spoerry (1918–1999) eigentlich schon immer lernen wollen, aber erst 1963 kam es dazu. Da war Anne bereits 45 Jahre alt und lebte schon seit langem als Ärztin in Kenia. Sie machte ihren Flugschein, kaufte sich eine Piper Cherokee und riskierte ihren ersten Langstreckenflug von Kenia ins heimatliche Elsaß. 12 000 Kilometer hin und zurück über Wüsten und Sümpfe. Und über das Meer, in einer einmotorigen Maschine! Ihre Freunde erklärten sie für verrückt. Aber wie alles andere schaffte sie auch das, und erst danach, mit der nun gewonnenen Flugerfahrung, schloß sie sich der AMREF, den »fliegenden Ärzten« in Kenia an.

Ohne Bedauern gab ich im Januar 1965 meine Stellung als Ärztin im Staatsdienst für den Bezirk Nyandura auf, war es doch immer schwieriger für mich geworden, den Versorgungsdienst, den ich ins Leben gerufen hatte, funktionsfähig zu erhalten.

Noch immer hatten nur zwei Ärzte von uns einen Pilotenschein, nämlich Wood und ich. Bei meinem Beitritt zur AMREF hatte ich Dr. Roy Shaeffer ersetzt, der in die Staaten zurückkehren wollte, um sich um die Ausbildung seiner Kinder zu kümmern. Er war ein sehr erfahrener Arzt; ich dagegen war fast noch eine Anfängerin als fliegende Ärztin – fast, denn ich hatte bereits im Jahr zuvor, obwohl ich noch in Ol Kalou angestellt gewesen war, auf die Bitte Michael Woods hin einige Aufträge im Turkanagebiet übernommen.

Dick Anderson, der Missionsarzt im Krankenhaus von Lokori südwestlich des Turkanasees, hatte damals unsere Hilfe angefordert; er war von der Effizienz der fliegenden

Ärzte überzeugt und wollte sie für seine Region nutzen. Er hatte einige Landeplätze anlegen lassen, die nur noch auf unsere Flugzeuge warteten. Meist war ich die allererste, die dort landete, was ich in meinem Flugschein mit roter Farbe vermerkte, ordentlich stolz auf diese Leistung, denn es war zumeist schwieriges Gelände, und ich hatte damals erst etwa 60 Flugstunden hinter mir.

Unsere Aufgabe bestand darin, eine Flugverbindung zwischen diesen verschiedenen Stationen herzustellen, die Patienten an Ort und Stelle zu behandeln, und jene, die einer aufwendigeren Behandlung bedurften, am Ende unserer Tour nach Lodwar zu bringen, wo Anderson, der auch als Chirurg ausgebildet war, seine Operationen durchführte. Manchmal, wenn der Eingriff plastische Chirurgie erforderte, kam Michael Wood zu Hilfe.

Da er vom Prinzip ausging, daß die Leute nur dem Wert beimessen, was sie bezahlen, verlangte Anderson für seine Behandlung ein symbolisches Honorar von ein oder zwei Shilling oder einen der Schmuckgegenstände, welche die Turkana tragen. Sie befestigen Aluminiumplättchen an Nase oder Ohren, oder sie stecken durch ein Loch in der Unterlippe eine leere Patrone – oder ein Röhrchen aus Elfenbein oder Knochen – und füllen es mit Tabak; während ihrer langen Wanderung können sie den Inhalt dann rauchen. Oft werden auch die beiden unteren Schneidezähne entfernt.

Als ich zum zweitenmal in Lomelo landete, gerieten wir mitten in eine Feier. Die Turkana stolzierten in festlichen Gewändern, mit Straußenfedern geschmückt, herum, aber wir hielten trotzdem wie gewohnt unsere Sprechstunde ab. Kurz vor dem Abflug waren wir noch in eine »Duka« gegangen, um etwas zu trinken, als wir Geschrei hörten. Ein übel zugerichteter, blutverschmierter Mann kam in den Laden hereingeschossen, warf sich uns zu Füßen und flehte uns an, ihn zu beschützen. Schließlich brachten wir ihn soweit, daß er uns stammelnd erzählte, was los war: Als Massai vom Mount Elgon war er auf die dumme Idee verfallen, sich an eine Turkanafrau heranzumachen. Das hatte den Männern des Stammes nicht gefallen: sie hatten ihn verprügelt und warteten nun draußen, um ihm endgültig den Garaus zu machen.

Wir säuberten und verbanden ihn und gaben ihm Medikamente, aber es war keine Rede davon, ihn mitnehmen zu können; das Flugzeug war mit Patienten voll belegt. Also ließen wir ihn durch die Hintertür aus dem Laden, und er sauste los wie der Blitz, die Verfolger auf den Fersen. Ich befürchtete sehr, daß sie ihn einholen und ihn umbringen würden; erst kürzlich aber habe ich erfahren, daß dem nicht so war: Unser Massai hatte überlebt und es bis Lokori geschafft, wo die Missionare ihn aufnahmen – offensichtlich war er ein olympiareifer Läufer.

Mit Dick Anderson zusammen hatte ich auch meine erste größere Panne, und zwar in Lobokat, auf einem kleinen Fluggelände mitten im Busch, das sehr schmal und sehr kurz war. Windhosenartige Staubwirbel machten die Bestimmung der Windverhältnisse äußerst schwierig. Ich hielt die Nase des Flugzeugs hoch, um eine kurze Landung zu machen, als plötzlich, drei Meter über dem Boden, die Maschine durchsackte und abstürzte. Ein Rad brach, das Fahrgestell bohrte sich auf einer Seite in die Erde, und ich kam nach zehn Metern mit einer wunderbaren Karussellfahrt zum Stehen. Wir waren praktisch manövrierunfähig und steckten nun an einem Ort fest, den niemand außer Anderson und mir kannte – abgesehen von Michael Wood, der früher schon hier gelandet war. Gott sei Dank konnten wir ihn über Funk in der Zentrale erreichen, und er gab meinem alten Freund Bill Ford, der damals unser Chefpilot war, genaue Anweisungen. Innerhalb von vier Stunden erreichte uns das Rettungsflugzeug, nachdem ein Mechaniker und Ersatzteile aufgetrieben worden waren. Während wir warteten, hielten wir die Sprechstunde ab und baten die anwesenden Männer um Hilfe, da wir die Piste verlängern wollten. Das war um so notwendiger, als unser Flugzeug einen Teil der Landebahn blockierte und so fest in der Erde steckte, daß es nicht zu bewegen war. Bill Ford schaffte es zwar, ohne Schwierigkeiten zu landen, doch als der Mechaniker sein Material zusammengesucht hatte, hörten wir ihn toben:

»Das Ersatzteil – ich habe das wichtigste Teil vergessen: die Radachse. Wir müssen zurück nach Nairobi und sie holen.«

Vor Anbruch der Nacht konnten sie nicht zurück sein; die Reparatur würde erst am nächsten Morgen stattfinden können. So verbrachten wir die Nacht im nahen Krankenhaus von Lokori, in dem Dick Anderson zu Hause war.

Auch in Lokori hatte ich einige Ängste durchzustehen, als ich eines Tages die Landung völlig verpatzte. Einmal, zweimal, dreimal versuchte ich es, aber immer war ich zu schnell – und die Landebahn endete an einer Schlucht. Es brauchte eine ganze Weile, bis ich begriff: Der Wind hatte gedreht, was normalerweise nie passierte. Es gab weder Windsäcke noch Rauch, an denen man es hätte merken können, und niemand hatte daran gedacht, ein Feuer anzuzünden. Vielleicht glaubten die Missionare, daß ohnehin Gott uns zu Hilfe kommen würde und daß wir sonst nichts weiter brauchten.

Rauch ist und bleibt für uns das beste Mittel, um die Windrichtung anzuzeigen. Wir hätten zwar gerne Windsäcke, aber dafür braucht man viel Stoff, und der ist bei den Turkana sehr begehrt. Also werden die Windsäcke immer wieder gestohlen. In Lodwar, dem Hauptort der Region, hängt ein solches Exemplar unter strengster Bewachung im Gefängnishof, wo es vor Begehrlichkeit geschützt ist.

Zu diesen Wetterfahnen, die auf englisch »windsocks«, also Windsocken genannt werden, fällt mir noch eine nette Geschichte ein. In einer Missionsstation zeigten wir den Leuten einmal auf einer schönen Zeichnung, wie so etwas herzustellen sei. Bei der nächsten Tour war der Windsack tatsächlich angebracht worden, doch er hing kläglich an seinem Mast: Sie hatten das Wort »Socke« zu wörtlich genommen und ihn an einem Ende zusammengenäht.

Im Laufe jenes Jahres 1964 erhielten wir Verstärkung von einer fliegenden Krankenschwester, einer jungen amerikanischen Nonne namens Schwester Michael Therese. Ihr Vater diente in der US-Air Force in Deutschland, und sie hatte auf einer Militärbasis fliegen gelernt. Sie war nach Kenia gekommen, um in der von irischen Missionaren geleiteten »Medical Mission of Mary« zu arbeiten. Die Patres hatten ein kleines Flugzeug als Spende bekommen, eine Cessna 182, mit der sie nicht allzuviel anzufangen wußten. Genauer gesagt, sie hatten kein Geld, um die Betriebskosten zu bezahlen. Also trafen sie eine Übereinkunft mit Michael Wood: Die AMREF sorgte für die Instandhaltung und bezahlte Öl und Benzin; sobald der für diese Leistungen gezahlte Betrag dem Schätzwert der Maschine entspräche, würde sie den Flying Doctors gehören – ein typisch afrikanischer Tauschhandel.

Schwester Michael Therese war natürlich ständig mit diesem neuen Flugzeug unterwegs. Sie kam sehr gut damit zurecht und konnte überall landen. Ihr Schwachpunkt war die Technik, von der sie nicht viel verstand. Eines Tages sah ich sie besorgt:

»Ich habe dieses Flugzeug schon seit sechs Monaten und frage mich, ob man nicht Wasser in die Batterie nachfüllen müßte? Wissen Sie, wo die sich befindet?«

Ich öffnete die Motorhaube und zeigte ihr den kleinen Kasten:

»Ich glaube, da ist sie drin.«

»Ach so! Son of a gun, das hätte ich nie gedacht.«

Das war ihr Lieblingsschimpfwort, »Sohn eines Halunken.« Nicht schlecht für eine Nonne.

In Uganda hatte ihre Maschine einmal einen schweren Motorschaden und verlor sehr viel Öl. Ihre Schutzengel müssen über sie gewacht haben, denn es passierte direkt über dem Gelände von Amudat, einer protestantischen Mission, wo sie im Spiralflug heruntergehen und unbeschadet auf dem großen Flugplatz landen konnte. Ungeduldig meldete sie sich über Funk:

»Sagen Sie mir, was ich machen muß, um die Maschine zu reparieren – das kann doch nicht schwer sein –, und ich starte wieder.« Nur mit äußerster Mühe konnte sie Michael

Wood davon überzeugen, daß sie ohnehin bereits großes Glück gehabt hatte und nun auf uns warten solle.

Schwester Michael Therese übernahm die AMREF-Station im Turkanagebiet und richtete sich im Krankenhaus von Lodwar ein, in dem seit kurzem eine Chirurgin und Nonne arbeitete. Damit war für diese Region gesorgt, dies um so mehr, als auch Dr. Anderson Hilfe von einer protestantischen amerikanischen Organisation erhielt, der »Missionary Aviation Fellowship«. Wir hatten den Anstoß gegeben, jetzt konnten wir unsere Anstrengungen auf andere Gebiete konzentrieren, die unsere Unterstützung brauchten.

1965 herrschte im Turkanagebiet eine Hungersnot. Da ich mit den Landeplätzen in der Region vertraut war, wurde ich mit einer Erkundungstour beauftragt, um die Lage zu sondieren. Für diese Aufgabe mußten wir mit Brother Mike zusammenarbeiten, einem amerikanischen Mönch der »Société de Marie«, der als Lehrer an der Mangu High School von Nairobi beschäftigt war. Er hatte auch mit »Wings For Progress« zu tun, einer Vereinigung, die es sich zur Aufgabe machte, Missionare jederzeit überallhin zu bringen, und dabei von der amerikanischen Regierung unterstützt wurde. Ich habe mich manchmal gefragt, ob vielleicht auch der CIA ihr Scherflein dazu beigetragen hat, boten doch diese Flüge eine ideale Tarnung, um alles zu beobachten, was sich im Lande tat.

Brother Mikes Assistent und Pilot war George, ebenfalls »Brother« genannt, obwohl er kein Mönch war; ein anständiger Bursche, wenn auch ziemlich unvorsichtig, wie ich zu meinem Leidwesen erfahren sollte. Für diese Erkundungsmission im Turkanagebiet sollte er die Gruppe fliegen, zu der ich gehörte. Als er mich mit seiner Cessna 206 in Nakuru abholte, war bereits ein gewisser Mr. Foot an Bord, der von der Regierung beauftragt war, sowie eine irische Schwester. Dann flogen wir nach Kitale, wo George weitere Passagiere aufnahm. In letzter Minute kam noch unvorhergesehen eine katholische Nonne dazu, die zurück nach Kakuma wollte.

Wir waren also zu siebt im Flugzeug, dazu noch das Gepäck und die Ausrüstung. Die Piste von Kitale ist zwar sehr lang, liegt aber auf einer Höhe von 2000 Metern, und das Gras war ziemlich hoch. Ich begann mich zu fragen, wie wir den Start schaffen sollten. Als Co-Pilotin kannte ich die Leistung der Maschine nicht, daher hielt ich lieber den Mund. George gab Gas, und wir nahmen Geschwindigkeit auf. Das Flugzeug hob ab und setzte wieder auf; es schien endlos zu dauern. Das Ende der Startbahn kam näher, und wir waren immer noch nicht in der Luft. Die Nonne kreischte:

»George, stop, please let me off!«

Endlich bremste George, wendete und meinte sehr selbstsicher:

»Ich weiß, was los ist; wir machen's jetzt noch mal.«

Anscheinend hatte er das Kraftstoffgemisch für diese Höhe falsch eingestellt, aber diesmal, so versicherte er uns, werde alles gutgehen.

Nicht nur im Flugzeug herrschte Panik, sondern auch draußen: Die Leute rannten herum und fuchtelten mit den Armen, ein Jeep kam über die Piste gerast, und man rief uns zu, anzuhalten und die Passagiere aussteigen zu lassen. Die Nonne schrie, sie sei damit absolut einverstanden. Aber George blieb stur:

»Ich weiß, was ich tue.«

Wieder starteten wir. Erst im letzten Moment bequemte sich die Cessna, abzuheben. Während sie mit hoch erhobener Nase aufstieg, tutete die ganze Zeit ununterbrochen die Überziehwarnanlage. Es ist schrecklich, am Steuer zu sitzen, wenn die Dinge schiefgehen, da man besser als die Passagiere weiß, was sich abspielt.

Wir steuerten nun auf Lokori zu, wo wir zwei Personen absetzen sollten. Freundlich sagte George zu mir:

»Anne, ich zähle darauf, daß Sie mir bei diesem Landeplatz helfen; den kenne ich überhaupt nicht.«

Das hatte gerade noch gefehlt. Die Piste von Lokori ist sehr schmal und wird, wie erwähnt, von einer Schlucht und Felsen begrenzt. Man muß dort eine sehr kurze Landung zuwege bringen und sofort bremsen. Ich konnte mir kaum vorstellen, wie das ein Pilot, der noch nie dort gewesen war, mit einem überladenen Flugzeug schaffen sollte. Aber anstatt auf George einzureden und ihn damit zu verunsichern, griff ich zu einer List und dirigierte ihn heimlich nach Kangetet, einem alten Flugplatz aus Kriegszeiten, bloß fünf Kilometer von Lokori entfernt; er hatte eine riesige Piste, auf der wir bestimmt sicherer landen konnten.

George flog eine erste Schleife, verlor die Bahn aus den Augen, kam beim zweitenmal zu niedrig an und konnte die Maschine dann beim dritten Versuch endlich auf den Boden setzen. Er war wirklich kein besonders guter Pilot.

Erst in der »Duka« neben dem Flugplatz erfuhr er dann, daß er sich nicht in Lokori, sondern in Kangetet befand. Er war wütend, ich allerdings auch:

»Sie hätten da drüben niemals landen können. Wenn ich schon sehe, was Sie hier angestellt haben, wo es kinderleicht ist! Lokori ist fünf Kilometer entfernt. Sie brauchen nur über Funk das Krankenhaus zu rufen, dann wird man Sie abholen. Oder Sie gehen einfach zu Fuß.«

Kurz und gut, Brother George brachte uns schließlich im Turkanagebiet überall hin, aber ich stellte meine Bedingungen und kontrollierte genau, was er tat. Als er mich dann am Ende unserer Runde in Nakuru absetzte, gestand er:

»Wissen Sie, der Motor dieses Flugzeugs pfeift aus dem letzten Loch. Er tut's vielleicht noch zehn Flugstunden lang. Da hat man natürlich nicht die volle Leistung.«

Wenn er das gewußt hatte, warum ging er dann solche Risiken ein? Er war kein Mann der Kirche, aber vielleicht hatte ihn sein ständiger Umgang mit Kirchenleuten glauben lassen, daß er unter dem besonderen Schutz Gottes stand.

Nach meiner festen Anstellung durch die AMREF wurde ich mit der Aufgabe betraut, die ersten Flüge in den Bezirk Marsabit im Nordosten durchzuführen. Ich ging zunächst mit Bill Ford auf die Reise, um die Landeplätze kennenzulernen: Loyangalani, North Horr, Ileret und den Polizeiposten von Sabarei; später kamen Dukana, Sololo und Moyale hinzu. Es sind dieselben Stationen, die ich auch heute noch anfliege, aber damals waren die Bedingungen ganz anders. Es herrschte offener Konflikt mit Somalia, das den Norden Kenias beanspruchte und dort bewaffnete Banden unterhielt. Dörfer wurden gebrandschatzt oder geplündert, das Vieh gestohlen. Vor jeder Landung mußte ich warten, bis die Armee mit ihren Landrovern, die Maschinengewehre im Anschlag, die Piste besetzt hatte. Die Straßen konnte man nur im Konvoi befahren, hinter einer Militäreskorte, die Minen aufspürte.

Ich verbrachte gerade einen freien Tag in Subukia, als mich ein Anruf der Zentrale erreichte:

»Anne, Sie müssen nach Moyale. Wir haben dort eine schwerverletzte Frau, die wir ins Krankenhaus von Nakuru transportieren müssen.«

Nakuru liegt zwar in meiner Nähe, aber Moyale an der äthiopischen Grenze ist immerhin vierhundert Kilometer weiter nördlich. Der Hin- und Rückflug würde fast den ganzen Tag in Anspruch nehmen. Ich wollte Einzelheiten wissen. Die Familie der Frau war massakriert worden, sie selbst hatte als einzige überlebt, indem sie sich unter einem Bett versteckte, als die »Shiftas« mitten in der Nacht angriffen. Diese Betten bestehen aus einem hölzernen Gitterwerk, das auf Pfählen ruht, welche im Boden stecken. Darauf wird ein Fell gelegt, und es ist gerade genug Platz, um sich darunterzuschieben. Ein »Shifta« stach mit dem Speer durch das Gitter; obwohl er ihren Bauch durchbohrte, unterdrückte die Frau ihren Schmerz und verriet ihre Anwesenheit mit keinem Laut. Bis zum Morgen blieb sie so und wagte nicht, sich zu bewegen. Bei Tagesanbruch zogen Leute aus einem anderen Dorf sie heraus und brachten sie ins Krankenhaus von Moyale. Dort verabreichte man ihr schmerzstillende Mittel und Antibiotika und rief uns dann über Funk, damit sie in eine größere Klinik verlegt werden konnte.

Die Piste beim Krankenhaus war nicht benutzbar, so daß ich gezwungen war, weiter entfernt niederzugehen. Während ich auf die Verletzte wartete, tankte ich die Maschine aus den Kanistern voll, die ich mitgebracht hatte, bestand doch laut Wetterbericht Gefahr, daß ich einen Umweg machen mußte.

Beim Abflug war es nötig, daß ich in große Höhe aufstieg – etwa 10000 Fuß –, um die Wolkendecke über den Matthews Range zu überfliegen. Glücklicherweise wurde mir über Funk mitgeteilt, daß über Nakuru alles klar sei und ich meinen Flug dorthin fortsetzen könne. In diesem Moment wachte die Verletzte auf dem Rücksitz auf. Versetzen Sie sich in die Lage einer braven Frau, die nie etwas anderes gesehen hat als ihresgleichen, ihre Kamele und den Busch, und die sich plötzlich in 3500 Metern Höhe über den Wolken in einer kleinen Kabine wiederfindet! Sie begann durchzudrehen, löste ihren Gurt und warf sich gegen die Tür, um aus der Maschine zu kommen. Ich war allein mit ihr und hatte keinen Autopiloten; so mußte ich mit einer Hand das Flugzeug stabilisieren, während ich sie mit der anderen auf ihrem Sitz hielt. Ich versuchte, vernünftig mit ihr zu reden, aber sie verstand kein Swahili. Schließlich bot ich ihr etwas zu essen an, einen Keks, glaube ich, und das besänftigte sie. Sie faßte Vertrauen und schlief wieder ein. Wenn ich es unter denselben Umständen mit einem kräftigen Mann zu tun gehabt hätte, hätte die Sache schlimm ausgehen können. Ich schwor mir, nie mehr allein mit einem Patienten zu fliegen.

Auf dem Landeplatz von Nakuru erwartete mich schon der Krankenwagen, und im Spital hielten sich die Chirurgen bereit. Es war sechs Uhr abends, ich hatte gerade noch genug Zeit, um nach Subukia zurückzukehren.

Drei Monate später kam ich wieder in Nakuru vorbei. Im Krankenhaus hörte ich eine Frau nach mir rufen: Meine Verletzte hatte überlebt und auch ein wenig Swahili gelernt, so daß wir uns unterhalten konnten.

»Es geht dir jetzt besser«, meinte ich; »in einem Monat komme ich, um dich abzuholen, und dann bringe ich dich nach Hause.«

Sie lächelte. Diesmal machte es ihr nichts aus, ins Flugzeug zu steigen.

In Afrika war zu jener Zeit vieles im Umbruch. Die Länder um Kenia wurden von den Geburtswehen der Unabhängigkeit geschüttelt, während Kenia selbst, abgesehen von dem Konflikt mit Somalia, wie eine Insel der Ruhe und Stabilität erschien.

In Sansibar waren 1964 in einer blutigen Revolution die Sultane von Oman verjagt worden, die seit Jahrhunderten dort regiert hatten; dann vereinigte sich die Insel mit Tanganjika zu Tansania. Im selben Jahr erhielten Ruanda und Burundi, die zuvor unter belgischem Mandat gestanden hatten, die vollständige Unabhängigkeit und bildeten zwei verfeindete Einzelstaaten, wo es vorher nur einen Staat gegeben hatte. Dadurch entstand eine explosive Situation, eine der schlimmsten Konfrontationen auf dem afrikanischen Kontinent. In Ruanda wie in Burundi machte die kleine Minderheit der Tutsi der Hutu-Mehrheit die Macht streitig. Man muß wissen, daß diese beiden Volksgruppen unterschiedlicher Herkunft sind: Die Hutu sind Bantu, die Tutsi stammen von nilotischen Viehzüchtern ab.

Es kam, wie es kommen mußte: Die beiden Gruppen gingen aufeinander los, es kam zu schrecklichen Massakern und zu einem Massenexodus der Bevölkerung. Zu Tausenden strömten die Flüchtlinge in die Nachbarländer, darunter nach Tansania, das in aller Eile Aufnahmelager schaffen mußte.

Alle zwei Monate besuchte ich eines dieser Lager in Mwesi in der Nähe des Tanganjikasees, der im Südosten von Tansania liegt. Für die Strecke von 1000 Kilometern brauchte ich etwa fünf Flugstunden; nach zwei Dritteln der Strecke machte ich eine Zwischenlandung in Tabora, um aufzutanken.

Mwesi liegt am Osthang der Mahariberge, weshalb die Wetterbedingungen dort oft ungünstig sind. Mehr als einmal konnte ich nicht landen und mußte nach Tabora zurückkehren. Über lange Zeit verdeckt jedes Jahr dichter Nebel sogar den Blick auf den nahen See; bei klarem Wetter aber bilden die Berge, die aus der weiten Wasserfläche emporsteigen, ein wunderschönes Panorama.

Das Lager leitete ein Schwede, der dem »Tanganyika Christian Refugee Service« angehörte, einer lutheranischen Organisation. Auch der Arzt im Lager war Schwede; er wurde von einer deutschen und einer niederländischen Krankenschwester unterstützt. Meine Aufgabe bestand vor allem darin, Impfstoffe und Medikamente in diesen verlassenen Winkel der Welt zu schaffen. Die Hauptstadt Dar es Salaam liegt 1000 Kilometer entfernt an der Küste. Tansania ist ein riesiges Land, doppelt so groß wie Kenia, aber mit einer gleich großen Einwohnerzahl. Vor allem im Westen fehlte damals jegliche Infrastruktur.

Auf diesen langen Flügen nach Mwesi hatte ich hin und wieder erhebliche Probleme. Ein heftiger Zusammenstoß mit Geiern brachte mir einen zerbeulten Auspufftopf und eine offene Ölluke ein, ein anderer Zwischenfall hätte schlimmer ausgehen können: Ich hatte zugelassen, daß sich die Wolkendecke um mich schloß, und alles um mich herum war weiß geworden. Das ist eine klassische und oft tödliche Falle: Wenn man nicht für den Instrumentenflug ausgerüstet ist, verliert man völlig die Orientierung und weiß innerhalb weniger Minuten nicht mehr, wo oben oder unten ist. Man kann leicht, ohne es zu merken, das Flugzeug auf den Rükken drehen, auf den Boden zusteuern oder die Maschine bis zum Strömungsabriß überziehen.

Ich sah, wie der Kompaß außer Rand und Band geriet und sich unaufhörlich drehte, ein untrügliches Zeichen dafür, daß nichts mehr ging und daß ich vom Kurs abgekommen war. Ich glaube, mein Reflex war richtig: Ich nahm das Gas weg und ließ das Flugzeug sinken. Dadurch wußte ich wenigstens, wo unten war, und als die Maschine aus den Wolken herauskam und ich die Landschaft sehen konnte, ging ich wieder auf Kurs. Hätte ich mich in geringerer Höhe befunden oder die Wolkendecke bis zum Boden gereicht, dann wäre ich nicht mehr da, um davon zu erzählen.

Ärzte, Freunde oder Journalisten, die zum erstenmal mit mir fliegen, stellen mir früher oder später immer die Frage: »Aber sagen Sie, Anne, hatten Sie bei all Ihren Einsätzen an diesen unglaublichen Orten niemals einen Unfall?«

Ich bin überzeugt, die meisten Leute wissen heute immer noch nicht genau, wie sich ein Flugzeug überhaupt in der Luft halten kann. Mir scheint, sie haben das mehr oder minder unbewußte Gefühl, eine Maschine, die schwerer als Luft ist, müsse, ihrem unausweichlichen Los folgend, bei der nächsten Gelegenheit unsanft zur Erde zurückkehren. Vergeblich, ihnen Vergleichsstatistiken über alle möglichen Transportmittel zu präsentieren, in denen die Luftfahrt überwiegend gut abschneidet. Vergeblich argumentiert man, daß ein Flugzeug, wenn der Motor streikt, im Gleitflug noch eine Distanz überwinden kann, die dem Zehnfachen seiner Flughöhe entspricht, wodurch man vor allem in der Wüste noch eine gute Chance hat, ohne allzu großen Schaden zu landen. Daraus folgt: Je höher ein Flugzeug fliegt, um so sicherer ist es. Für ein Schiff ist die Küste die größte Gefahr, für ein Flugzeug der Boden.

Wenn ich in 50 Metern Höhe über das Dach eines Hauses fliege, hält man mich für eine Bruchpilotin, aber dieselben Personen, die darüber entsetzt sind, rasen, ohne mit der Wimper zu zucken, mit einem Meter Abstand an einem entgegenkommenden Auto vorbei. Wenn jedes der Fahrzeuge 120 Stundenkilometer fährt, beträgt ihre relative Geschwindigkeit 240 Stundenkilometer! Und anders als das Flugzeug hat keines der beiden die Möglichkeit, in den drei Dimensionen des Raumes auszuweichen. Wer also ist hier der Bruchpilot?

Die größte Gefahr für uns sind Tiere, die während der Landung plötzlich aus dem Busch hervorbrechen und über die Piste laufen; nicht nur Wildtiere, sondern auch Kühe oder Schafe, die ihren Hirten entwischt sind. Einmal ist ein

Hund gegen das Fahrgestell meines jetzigen Flugzeugs gelaufen; es ist einziehbar und deshalb viel weniger stabil als ein festes. Die Strebe knickte ein, die Tragfläche brach, der Tag war im Eimer. Das Tier war tot, und mir tat es schrecklich leid. Ein andermal stürmte eine Giraffe zwischen den Bäumen hervor; das war in Oloika in der Nähe von Shombole im Rift Valley. Ich war bereits auf dem Boden, und die Maschine rollte noch mit hoher Geschwindigkeit aus. Der Zusammenstoß schien unausweichlich, da mir nicht genügend Platz blieb, um wieder zu starten. Im letzten Moment blieb die Giraffe am Rand des Fluggeländes stehen. Wir blickten einander direkt in die Augen, bis ich an ihr vorbei war; dann wandte sie ihren stolzen Blick ab und kehrte langsam in den Wald zurück.

Manchmal ist es allerdings nicht die Maschine, sondern der Mensch, der Materialfehler aufweist. Es geschah vor einigen Monaten, als ich die Sprechstunde in Kiwayuu beendete, einer kleinen Insel an der Grenze zu Somalia. Es war später Nachmittag, ich hatte lange auf einem niedrigen Schemel gesessen und wollte mit einem Ruck aufstehen. Da spürte ich einen fürchterlichen Schmerz im rechten Knie: Ich hatte mir den Meniskus eingerissen. Das rechte Bein konnte nicht mehr belastet werden, das Gehen war eine Qual.

Der Zeitpunkt war äußerst ungünstig, da ich unbedingt vor Einbruch der Nacht nach Lamu zurückkehren sollte. Dazu mußte ich Kiwayuu mit dem Boot verlassen und das Fluggelände von Mkokoni erreichen, wo meine Maschine auf mich wartete. Mit Hilfe meines Pflegers Ali aus Lamu, an dem ich mich, so gut es ging, festklammerte, gelangte ich über das felsige Ufer zum Boot hinunter. Dann humpelte ich zum Jeep, der mich bis ans Flugzeug brachte. Aber das größte Problem lag noch vor mir: Wie sollte ich mit nur einem gesunden Bein fliegen? Im Flugzeug betätigt man mit den Füßen über zwei Pedale den Seitensteuerhebel, mit dem man nach rechts oder links steuern kann. Im Flug ist dieser Steuermechanismus nicht unbedingt notwendig, da man auch einfach den Steuerknüppel benutzen kann, am Boden jedoch wirkt der Seitensteuerhebel auf das vordere Rad, und es gibt keine Alternative. Zum Starten und Landen brauchte ich also einen Ersatzfuß.

Ich ließ mich zu meinem Sitz tragen und ernannte Ali zum Co-Piloten. Alle Flugzeuge, selbst die kleinsten, haben eine doppelte Steuerung, und da er es seit Jahren gewohnt war, mit mir zu fliegen, war Ali damit bereits vertraut. Wir kamen schnell auf eine den Umständen angepaßte Methode: »Du stellst deinen Fuß auf das rechte Pedal, ich übernehme das linke. Wenn wir am Boden nach rechts fahren wollen, drückst du das Pedal, sobald ich es dir sage. In Ordnung?«

Es war ungewohnt, zu zweit zu steuern, aber es klappte gut. Mein Pfleger schwankte zwischen Angst und Belustigung, reagierte jedoch perfekt auf meine Anweisungen:

»Drücken, stärker, loslassen, wieder drücken, bleib so. Okay, laß los!«

Während wir zur Startbahn rollten, hatte er genügend Zeit, den Ablauf zu üben. Dann stellte ich die Maschine in Position, gab Vollgas, und los ging es. Ali stieß einen kleinen Seufzer aus und schaute mich glückstrahlend an, als die Räder vom Boden abhoben und wir über dem Meer aufstiegen. Das Manöver hatte mich so in Anspruch genommen, daß ich den Schmerz in meinem Knie ganz vergessen hatte, aber er meldete sich wieder, sobald wir in der Luft waren. An jenem Tag erschien mir die kurze Strecke bis nach Lamu ziemlich lang.

Quellenverzeichnis

Melli Beese (1886–1925)
Frauen in ihren »fliegenden Kisten«
Aus: Gertrud Pfister, Fliegen – ihr Leben. (S. 48–57)
© Orlanda Frauenverlag, Berlin 1989

ReBecca Béguin
Die Hälfte des Himmels
Aus: ReBecca Béguin, Die Hälfte des Himmels. Deutsch
von Birgit Albrecht (S. 75–79, 88–99, 105–107, 110–113,
117–121)
© Ariadne Krimi im Argument Verlag, Hamburg 1996

Elly Beinhorn (* 1907)
Über dem Reich der Inka
Aus: Elly Beinhorn, Alleinflug. (S. 165–169, 182–184,
191–201 Taschenbuchausgabe Ullstein, Berlin 1988)
© Langen-Müller Verlag, München 1977

Amelia Earhart (1897–1937)
Weltumfliegung
Aus: Marion Hof, Amelia Earhart. (S. 115–142)
© Verlag Kleine Schritte, Trier 1989

Helen Humphreys
Kreise am Himmel
Aus: Helen Humphreys, Wenn der Himmel uns küßt.
Deutsch von Susanne Aeckerle (S. 56–61, 77–82, 96–98,

109–112, 124–126, 155–156, 193–196, 223–226)
© Kiepenheuer & Witsch, Köln 1999

Anne Morrow Lindbergh (* 1906)
Sonne und Sterne sind mein
Aus: Anne Morrow Lindbergh, Wind an vielen Küsten.
Deutsch von Elisabeth Piper (S. 161–182)
© Piper Verlag, München 1987

Beryl Markham (1902–1986)
Das Gesicht der Wildnis
Aus: Beryl Markham, Westwärts mit der Nacht. Deutsch
von Günter Panske (S. 20–29, 47–64 Taschenbuchausgabe
Goldmann, München 1989)
© Edition Sven Erik Bergh, Neuägeri 1986

Harriet Quimby (1875–1912)
Frauen in ihren »fliegenden Kisten«
Aus: Gertrud Pfister, Fliegen – ihr Leben (S. 64–71)
© Orlanda Frauenverlag, Berlin 1989

Anne Spoerry (1918–1999)
Fliegende Ärztin
Aus: Anne Speorry, Man nennt mich Mama Daktari. Deutsch
von Angelika Steiner (S. 164, 174–178, 183–195, 205–210)
© Quell Verlag, Stuttgart 1997

Heather Stewart (* 1940)
Im Rachen des Krokodils
Aus: Stefan Hoelzel, Im Rachen des Krokodils. Spiegel
4 / 25. 1. 99
© Spiegel Verlag, Hamburg 1999

Antje Windgassen

Alexandra David-Néel
Auf der Suche nach dem Licht.
Biographischer Roman. 246 Seiten.
SP 2576

Als Dreiundzwanzigjährige machte sie sich 1891 das erste Mal auf in das Land ihrer Träume, nach Asien. Schließlich verbrachte sie ihr halbes Leben dort und wanderte durch Indien, Sikkim, Nepal, China und Tibet. Begegnungen mit dem Dalai Lama und mit Mahatma Gandhi machten sie weltberühmt. Als eine der ersten Frauen studierte Alexandra David-Néel an der Sorbonne, mit dreiundzwanzig Jahren unternahm sie 1891 ihre erste Reise nach Asien – allein! Als bekannte Orientalistin und Schriftstellerin verbrachte sie schießlich ein halbes Leben dort.

»Es gab rasante Abenteuerinnen, die auf Kamelen Afrika erkundeten, in langen Röcken den Mont Blanc bezwangen und in unsicheren Flugkisten mit offenem Cockpit flogen. Eine von ihnen und die wohl berühmteste ist Alexandra David-Néel.«
Emma

Anne Spoerry

Man nennt mich Mama Daktari
Als fliegende Ärztin in Kenia. Aus dem Französischen von Angelika Steiner. 282 Seiten mit 8 Schwarzweiß- und 29 Farbfotos.
SP 2667

Fliegende Ärztin und Farmerin in Kenia – in ihrer Autobiographie erzählt Anne Spoerry von einem wahrhaft abenteuerlichen Leben. Die Tochter einer elsässischen Industriellenfamilie hatte schon ein bewegtes Leben hinter sich, als sie nach Kriegsende Tropenmedizinerin wurde und sich in Kenia als Landärztin niederließ. Dort wurde sie zur berühmten »Mama Daktari«, was auf Suaheli »Frau Doktor« heißt. Mehr als dreißig Jahre war sie fast täglich mit ihrem Flugzeug unterwegs, von den Wüsten des Nordens bis in das Hochland von Zentralkenia und zur Missai-Steppe. Sie hat Gewalt und Elend erlebt, aber auch Heiterkeit, Gelassenheit und Lebensfreude.

Hauptsache weit weg

Abenteuerliche Frauen-Leben.
Herausgegeben von Susanne
Aeckerle. 237 Seiten. SP 2697

Viele Frauen reizt der Gedanke, nicht nur in die Ferne zu reisen, sondern auch dort zu leben, zu arbeiten und – zu lieben. Und schon immer gab es mutige und starke Frauen, die sich auf den Weg machten: in die Wüste, nach Grönland, zu den Scheichs, in den Busch, zu den Kopfjägern. Dort blieben sie für ein paar Monate, ein paar Jahre – oder ein ganzes Leben.

Elf berühmte abenteuerliche Frauen sind in diesem Band vereint: Daisy Bates, Margaret Mead, Florinda Donner, Dian Fossey, Sophie Caratini, Maria Sibylla Merian, Anna Leonowens, Anne Spoerry, Lady Hester Stanhope, Christiane Ritter und Carmen Rohrbach.

Strapazen Nebensache

Abenteuerliche Frauen reisen.
Herausgegeben von Susanne
Aeckerle. 230 Seiten. SP 2211

Ob mit dem Fahrrad durch Afrika, mit dem Kamel durch die australische Wüste, zu Fuß quer durch Tibet, im einmotorigen Flugzeug über den Atlantik, als Einhandseglerin um die Welt oder im Frauenteam zur Spitze des Annapurna: Reisen, die Welt sehen, Abenteuer erleben – das hat auch Frauen schon immer gelockt. Dieses Buch vereint zehn Berichte abenteuerlicher Frauen: Mary Kingsley, Alexandra David-Néel, Robyn Davidson, Bettina Selby, Helen Thayer, Lucy Irvine, Elly Beinhorn, Beryl Markham, Gudrun Calligaro und Arlene Blum.

»Jede Reise ist ein Abenteuer oder kann zu einem werden. Auch heute noch, wo wir ohne großen Aufwand die entferntesten Orte der Welt erreichen können. Und es wird immer Frauen geben, die über alle Grenzen hinaus nach dem Neuen, Unbekannten, der persönlichen Herausforderung suchen.«

Aus der Einleitung

SERIE

PIPER